指示は1回

聞く力を育てるシンプルな方法

Hiroshi Kusuki
楠木 宏

東洋館出版社

はじめに

日本の社会全体が高齢化に向かう中、それとは反対に若年化に向かう職業があります。それは、日本中の学校で働く教職員です。少子化で子どもたちが減っているのになぜ?と思われるかもしれませんが、労働人口の年の巡り合わせから、年齢の高い人口層が大量に退職する時代を迎えています。もうすでに大都市では50代は管理職だけ、教職員は40代以下という学校まで現れたと聞いています。

また、教育現場が抱える課題が多様化、困難化し、今までだったら、ＯＪＴ（on the job training：働きながら、経験を積んで対応していく仕事のスキル）で間に合ったものが、それでは間に合わない時代になってきました。

私が教育学部の学生だった頃、大学で学んだことは現場では全然役に立ちませんでした。教材研究しかり、児童心理学しかり。教育実習を除いて役に立ったのは指導案の書き方くらいでしょうか。

ですから、就職してから、明日何をどう教えようかと毎日夜遅くまで勉強して教材研究をしました。楽しいクラスをどう作るかという学級経営については、日々の子どもたちとの触れ合いの中で工夫し学びました。もちろん教材研究、学級経営、両者ともに、先輩からいただいたアドバイスは大きいものでした。

教師は大学を卒業してすぐに「先生」として一人前に扱われるため、元々下積みの少ない職業です。私たちの世代は、それを若いうちからの経験でスキルアップしてきましたが、昨今それでは間に合わなくなってきているように感じます。

例えば、宿題を忘れた子どもをどう扱うか、言うことを聞かない、いわゆる問題児にどう対応するかなどは、大学の教職課程や初任者研修でも教えてくれません。昔は、困難な壁に突き当たりながらも、先輩の経験を聞いたり、自分なりに工夫したりして解決してきました。しかし、時代は変化してきています。現状の問題に対応できないと、4月に新規採用で就職したものの、その月末には学級が落ち着かなくなり、ゴールデンウィーク開けには学級崩壊。解決しようとしたものの、心身を病んで夏休み前には病気休暇を取らなければならなくなって退職ということになりかねません。

今では、実践的な教育内容が増えるなど、大学の教員養成課程が変化し、私たちの時代ほどではないようですが、それでもまだ時代に合わせて当然学ぶべきスキルを学ばないまま、現場に放り出されているといっても過言ではありません。

私は、これから教職員になろうとする人たちは、私たちが経験で学んできた、発表させる方法や掃除の仕方なども、ある程度教職課程や初任者研修で学ぶべきだと思っています。

私も、若い頃は当然、学級経営がうまくできませんでした。学級経営の上手な先輩教師を見ると、「どうやってやるのだろう」と疑問に思い、コツを教えてもらっていました。しかし、ほとんどの場合、そのようなコツはベテラン教師個人の「名人技」としてみなされてきて、伝達の場は少なかったのではないでしょうか。

私は、若い先生方に少しでも役に立つよう、これまでに教師として学んだ方法、コツをお伝えしたいと思います。

教師は大変な時代を迎えています。学習指導、生活指導、様々な子どもたち、エスカレートする保護者の要求、数え上げたらきりがありません。

しかしながら、まずは「指示は1回」を徹底してみてください。誰でも、話を聞く子どもが育てられると思います。

指示は1回
―聞く力を育てるシンプルな方法―

もくじ

CHAPTER 2 子どもが聞きたくなる教師の話し方

CHAPTER 3 気になる子どもやその保護者と付き合う

CHAPTER 4

宿題・掃除がきちんとできる子どもを育てる

CHAPTER 5

上手な褒め方、叱り方で子どもを伸ばす

CHAPTER 1

話を聞く子を育てる

「最近は、話を聞かない子が多い」

「何度言っても話を聞いてくれない」

職員室での先生たちとの会話や、研修会の集まりなどでよく出る話題の一つです。確かに、「話を聞きなさい！」と言うだけでは、耳を傾けてくれない子どもたちが増えている気がします。

しかし、それは子どもたちが悪いのではなく、**話を聞かない子どもを育ててしまっている**私たち教師にも原因があるのではないでしょうか。

話を聞ける子どもを育てるためには、教師がきちんと話を聞く方法を教えたり、話を聞く練習を設けたりしなくてはいけません。

そう言うと、「でも、先生。話を聞くなんてことは、練習しなくても小さい時に身に付いているはずです」、あるいは「子どもたちは話を聞けますよ。そうでなければ、日常生活に支障をきたすでしょう」と反論したくなる先生方がいるかもしれません。

でも、本当にそうでしょうか。子どもたちに、話を聞く力は自然と身に付いているのでしょうか。私はそうではないと思っています。特に低学年の子どもたちには、教師がきちんと指導しなくてはいけないと確信しています。

かつては、家庭で十分なしつけを受けた子どもたちが大半だったので、改めて教える必要はなかったかもしれません。しかし、今は違います。聞くことの他にも、学校で教えなくてはいけないことがたくさんあります。

例えば、掃除。昔の子どもたちは、ほうきの使い方や雑巾の絞り方などをすでに知っていたので、学校で教える必要はありませんでした。しかし、今、家庭でほうき・ちりとり・雑巾の使い方を教わったことのある子どもが、どれだけいるでしょうか。

雑巾は、家庭で古タオルなどを再利用して作るのではなく、百円ショップで買う時代です。雑巾さえ使わない、少し汚れたらティッシュで拭いて済ませるという家庭も多いのではないでしょうか。中には、使うのは掃除機だけ、ほうき・ちりとり・雑巾は持たないという家庭もあります。ほうきの使い方、ちりとりの持ち方、雑巾の絞り方などの掃除の仕方は、今は学校で教えます。そのことに異論のある教師はいないでしょう。

聞くことも同じなのです。

想像してみてください。今の子どもたちは、家に帰ればすぐにゲームのスイッチを入れます。ゲームからは、映像とともに様々な音が出てきます。しかし、その音をいちいち情報として聞いてはいません。ゲームが終わったかと思うと、夕食の時にはテレビをつけます。下手をすると、眠るまでずっと音の垂れ流し状態なのです。

そう考えると、子どもたちが、じっくり話を聞く場面は、思いのほか少ないのではないでしょうか。

子どもたちにとっては、授業中の教師の話も、単に流れている生活音、バックミュージックのようなものにすぎないのではないでしょうか。つまり、私たちの話はテレビの音と同じなのです。

だからこそ、子どもたちに、話の「聞き方」を学校で教えなくてはいけないと思っています。

本章では、子どもたちがどうすれば話を「聞く」子に育つのか、その方法を紹介していきます。

① 聞くことの大切さ

仮に、45分間の授業中に、子ども1人が1分間の発言をしたとします（実際には、1分間も話せないでしょう。子どもが1分間話すのは、そう簡単なことではありません）。すると、残りの44分間は、当然話を聞き、思考する時間になります。1分間は話し、44分間は聞いているということです。ちょっと極端な例ですが、この場面一つとっても、聞く力は話す力の44倍重要だということになります。

話す力を付けさせるために、朝の会や帰りの会にスピーチの時間を設けているという先生方もいるでしょう。そのことに反対はしませんが、子どもたちにまず付けさせたいのは、「話を聞く力」です。話を聞いていれば、自然と話したくなります。授業に参加したくなります。そのタイミングを逃さず、話したくなった瞬間にこそ、話す方法を教えるのがよいと思うのです。まずは、「話を聞く」ことから始めましょう。

② 話は1回しかしない

これは、話を聞く子どもを育てるための大原則なのですが、意外と知られていません。

「えー、いつも『1回しか話さないよ！』と子どもたちに言っているのに、まったく変化がないです」と言っている先生は、たとえ実行しているつもりでも、中途半端な言い方をしているのではないでしょうか。

「1回しか言いませんよ」と子どもたちに言っても、子どもたちが聞いていなかったり、もう一度と求めたりすると、つい何度も言ってしまうのではありませんか。

私の「1回しか言わない」というのは、本当に1回しか言わないのです。中途半端な方法では、話を聞く子どもは育ちません。子どもたちを前にして、「先生は話を1回しかしません」と宣言したら、同じことは二度と言いません。

教師は、話を聞かずに指示通りにできなかった子どもに対して、当然怒ったり注意をしたりします。その時に、次のように言ってしまうことはないでしょうか。

「○○君、何を聞いていたの！　先生が言ったことを少しも聞いていないじゃないの！　先生が言ったのは、こうでしょ！　まずこうして、次に……、違う違う！　このようにやりなさい！」

怒りや苛立ちが先に立ってしまい、つい指示を繰り返したり、教師自身がやってみせたりしてしまうのです。

話を聞かない子どもの多くは、元気な子どもです。「元気すぎる」と言えばいいでしょうか。だから、たとえ話を聞いていなくても、ひとこと叱られるのを我慢すれば、そのうち教えてくれるということを知っています。聞いていなくても困らないから、いつまでも話を聞かないのです。


私は新しい学年を担任したら、子どもたちに次のように宣言します。

「先生は、指示やお話は1回しかしません。君たちが先生の話を聞いていなくて、『先生、今の何だった？』と口々に言ってきたら、先生は同じことを何度も言わなければならないでしょう。だから、先生が話を始めたら、しっかり聞くように」

特に大事な話は、「大事な話だから、先生は1回しか話しませんよ」と、前もって言います。子どもに質問されても、「先生は、もう言いました」と、絶対に答えません。

では、具体的に例を挙げてみましょう。

遠足で公園に行くとします。遠足の前日に、服装やおやつのことなど一通りの説明をした後、持っていってもよい遊び道具について、子どもたちから質問が出ます。例えば、次のようなやりとりです。

子どもたちは、前の質問をよく聞かずに、同じ質問をしてしまうことがあります。このような場合、私は二度目の質問には絶対に答えません。

だからといって、話を聞いていなかった子どもをそのまま放っておくわけにはいかないので、最後には助け舟を出します。「仕方ないなぁ。誰かDさんにバドミントン持っていっていいか教えられる人はいますか?」。すると、誰かが答えます。きちんと答えられた子どもには、「えらいな。よく聞いていたね」と褒めます。

また、「誰がした質問だったか、覚えている人いますか?」と聞くこともあります。「それは、Aさんがさっき質問しました」と答えられる子がいれば、やはりきちんと褒めます。教師は、誰がした質問なのかをきちんと覚えていなければなりません。

「この先生は1回しか話をしない」と子どもたちに強く印象付けることが大切です。子どもたちは緊張感をもって、教師の言葉に耳を傾け、話に集中しようとします。

③ 子どもの発言を教師が繰り返さない

「1回しか話さない」ことの大切さを強調しましたが、実は、教師が子どもの発言を繰り返して言ってしまうということがよくあります。次のような場面です。

授業中に教師が発問し、Aさんに答えるよう指示しました。そして、Aさんが小さな声で発言しました。よく聞こえません。すると、ほとんどの教師は、まず、「Aさん、声が小さくてよく聞こえないから、もう一度言って」と言います。それでもまだAさんの声は小さいままです。次に、「みんな、静かにしなさい！」と言います。そして、しまいには教師が注意深くAさんの話を聞いてから、「Aさんは、……と言いたいんだね」と大きな声で繰り返します。Aさんの言いたいことを教師なりに解釈して、クラス全員に伝えるのです。

この方法で、子どもたちは話を聞くようになるでしょうか。教師が繰り返して言えば言うほど、子どもたちは聞かなくなっていくでしょう。話を聞かない子どもが育っていくのです。なぜなら、教師が後から繰り返して教えてくれるのであれば、何も小さな声のAさんの話を無理して聞く必要はないからです。

教師は、声の小さな子どもの発言を誰よりもしっかり聞こうとします。教室で一番集中して聞こうとするものです。だから、教師に聞こえないほどの小さな声だったら、他の子どもたちに聞こえているはずはないのです。

私は、他の子どもたちには聞こえないような場合であっても、その子の意図を代弁するようなことはしません。では、どうするのでしょうか。

発言する子どもの声が小さい時でも、一応最後まで聞きます。でも、何を言ったかさっぱり分かりません。そんな時は、まず教室の子どもたちの様子を見ます。そして、私の近くにいる子どもに、

「Aさんは、何て言ったの？　先生も一生懸命聞いていたけれど、何と言ったか聞こえなくて」

と素知らぬ顔で言います。するとほとんどの子どもは困った顔をします。そして、黙って

しまいます。そうでしょう。聞き耳を立てている教師にすら聞こえないのですから、私の近くの子どもに聞こえているはずはないのです。

その子にさらにしつこく聞くと、小さな声で、

「聞こえなかった」

と言います。次に、その隣に座っている子にも同じように、

「Aさんは、何て言ったの？　先生聞こえなくて」

と聞くと、また同じように
「聞こえなかった」

と言います。

子どもたちを次々に当てていくと、同じ返事ばかりです。そこで、子どもたちに言います。

「こういう時は、どうすればいいの？」

すると、子どもたちは決まったように、

「Aさん、もう一度言ってください、と言う」

と答えます。

「そうだね、発表の声が小さくて聞こえない時は、そう言うんだよね」

さらに、

「声の小さい人には、大きな声で発表するように頼むことはできる。でも、人に頼むばかりじゃだめだね。周りの君たちはどうするの？」

と問うと、

「静かにする」

「その発表する人の方を、じっと見る」

という答えが返ってきます。

「そうだね、人に要求するばかりではだめだね。聞く方も聞こうとする態度を示さなきゃ」

一方的に要求するだけでなく、聞く方の態度も大切だということを伝えます。

むしろ私は、発表の声が小さい時は、絶好のチャンスだと捉えます。「話を聞く」態度を見直すことのできる機会だからです。待っていましたとばかりに、

「あなたは、Aさんの意見についてどう思いますか？」

と、他の子どもに聞きます。

「えっ、聞こえませんでした」

と答えたら、

「聞こえなかったら、なぜ放っておくの？」

「そんな時はどうするの？」

などと問いかけて、このような機会を積極的に利用するのです。


また、子どもの発表の中には、声は十分聞き取れても、内容がよく分からない、何を言いたいのかが分からないという場合もあります。多くの教師は、「え～と、Aさんは、○○と言いたいのかな？」と解釈を加えて、とにかく授業を進めることを優先しがちです。

そんな時も、私は、

「ごめん、Bさんは何を言いたいのだろう？　先生は一生懸命聞いていたけれど、よく分からない」

と、近くの子どもに聞きます。そう聞かれた子どもは、発表の声が小さい時と同じような態度をとります。つまり、初めはキョトンとして、それから黙り込んでしまうのです。

次々に子どもたちを当てていくと、どの子もバツの悪そうな顔をして、同じような態度をとります。

「誰かが発表した。しかし、何を言いたいのかよく分からない。そんな時は、放っておいていいのかな?」

と問いかけると、

「先生、Bさんは、こう言いたいのじゃない?」

とか、

「僕は、〇〇だと思うよ」

という発言が出てきます。

そのうちに、Bさんの方を向いて「Bさんが言いたいのは、〇〇ってこと?」と聞く子が出てきます。中には、わざわざ自分の席から離れてBさんに近寄っていき、Bさんの言いたいことを聞き出そうとする子どもも現れます。

発表がよく聞こえない、あるいは内容がよく分からないというような場面では、つい子どもの発言を要約したり、教師の解釈を加えたりしたくなるものでしょう。しかし、そこはぐっと我慢しなくてはなりません。たとえ話を聞いていなくても教師が教えてくれるし、話が分からなくても教師が解説してくれるとなれば、子どもたちは話を聞く必要がありません。いつも教師が補助しているようだと、そのうち子どもたちは話を聞かないようになってしまいます。**つまり、教師が話を聞かない子どもを育ててしまう**のです。

④ 聞いていないと困るように仕向ける

私は、子どもたちが話を聞くようにするため、次のような手も打っています。

(1) 手を挙げない子にも意見を求める

日本の教室では、次のような不文律があります。
・手を挙げる子どもは、指名されると発表する権利が与えられる。
・手を挙げない子どもは、意見を発表しなくてよいし、発表する義務もない。
前者については、異論はないと思いますが、問題は後者です。手を挙げない子は、指名されない安心感から、気を抜きがちで、話を聞いていないことがよくあります。そこで、私はこの安心感をあえて打ち破るのです。

授業中に何人かの子どもたちが意見を言った後、他に意見を言う子がいなくなり、議論

がとぎれることがあります。そんな時、私は、手を挙げていない子を指名して、

「君はこのことについて、どう思うの？」

と、突然聞きます。ほとんどの子は、きょとんとして、

「先生、私、手を挙げていない」

と言います。「手を挙げない子どもは、意見を発表する義務はない」という不文律を主張するのです。そこで、私は、

「知っているよ。でも、先生は君の意見が聞きたい」

と続けます。子どもは困った顔をします。話を聞いていなかったか、あるいは何も考えていなかったかでしょう。

「じゃあ、後でね」

と言って、他の子どもの意見を聞き、その子にも必ず後で意見を聞きます。必ず聞くのです。

(2) 授業最後の小テスト

小テストといっても、紙を配って答えを書かせるような、よくあるテストではありませ

ん。子どもたちの様子を見ていて「どうも話を聞いていないな」と感じたら、授業の最後の5分くらいに、小さめの声（小さいことが重要、でもみんなに聞こえるくらいの大きさ）で指示します。

「さあ、○ページの5番の答えをノートに書いて。できた人、持っておいで！」

きちんと聞いていた子はすぐに持ってくるので、丸付けをして、

「よくできたね。もう休み時間にしていいよ」

と、ちょっと早目に休み時間を与えます。「早く休み時間がもらえる」と聞いて、慌ててやり出す子どもがいるのが面白いです。

また、このような手も使います。

3年生で割り算の筆算をしています。私は、この単元の始めには、丁寧に書かせるため、また、しっかり考える時間を設けるために、筆算に定規を使わせています。そして、きちんとできるようになった子どもから、「もう定規を使わなくてもよい」とします。つまり、定規を使わなくてもよいかどうかは、一人一人によって違うのです。

しばらくすると、ほとんどの子どもは慣れてきて、定規を使わなくてもできるようにな

ります。さて、授業の終わりかけに練習問題③をするとします。答えは15です。

「今から、練習問題③をします。答えを書く時には、久しぶりに今日はきちんと定規を使ってノートに書きましょう。答えが書けたら持ってきなさい」

と言います。この「今日はきちんと定規を使って」がミソです。ちゃんと聞いていた子は、きちんと定規を使って筆算をして、すぐに持ってくるので、

「早いし、きちんと合っているから○！」

と大きな声で言います。ところが、「練習問題③をする」というところしか聞いていないか、あるいは全く聞いていなくて、隣の子を見て真似したCさんは、定規を使いませんでした。その答えを見た私は、

「違います」

それだけ言って、ノートを返します。他は一切言いません。計算が合っているのに、違うと言われたCさんは、

「えっ！」

と驚いて、首を傾げながら席に戻ってやり直します。やり直したCさんが、またやってきますが、まだ計算に定規は使っていません。また、私は言います。

「違う」

席に戻ったCさんは、今度は隣の子どもの答えを見たのか、口をとがらせて不満げに言いに来ました。

「先生！　何で違うの！　Aさんも、Bさんも答えは15で○だよ！」

と、世の中にこれ以上の不満はないというような顔をしています。そこで、私は言います。

「計算の答えは合っているかもしれないが、君は先生の言ったようにしていないよ」

ここでもまだ、「定規を使いなさい」とは言いません。すると、これまたきょとんとした顔をして、バツが悪そうに席に帰っていきます。あまりにかわいそうなので、

「どうしたらいいか隣のAさんに聞いてみなさい」

と助け舟を出します。そこで、Aさんに教えてもらい、なんだという顔をしたCさんが、定規を使って計算をします。今度は合格です。

「分かりましたか？」

と聞くと、黙ってうなずいて、遊びに行きました。他の子どもより5分遅れの休み時間です。

また、このような方法も使います。漢字練習では、いつも漢字の横に読み仮名を書くように指導していたとします。授業の終わりに、「どうも話を聞いていないな」と感じたら、小さめの声でこう言います。

「では、漢字ドリル○ページを漢字ノートに書いて持ってきなさい。今日は、ふりがなはいりません」

話を聞いていた子は、ふりがなを書くという面倒くさい作業をしなくていいので、「やった！」と喜び、急いで仕上げてきます。一番にやってきた子は、ふりがなは書いてありません。漢字だけです。

「よく話を聞いていたね」

と言ったらうれしそうに微笑んでいます。ところが、普段なら一番にボールを持って外に遊びに行くような、いわゆる元気印の男の子が、一生懸命ふりがなも書いて持ってきます。

「ご苦労さんだね。今日はふりがなはいらないって言ったのに」

と言うと、

「えっ！　そんなら早く言ってよ！」

と、いかにも損したという顔をしています。

「何を言っているの。先生はちゃんと言いましたよ」

と言うと、そうだったのかという顔をして、急いで遊びに行きました。

教師の出した問題を早く済ませた子には、教師の言ったことを他の子に教えてはいけないと伝えます。話を聞いていなかった子どもたちが困っていても、しばらく放っておくのです。

ところが、中には強者もいます。問題を済ませた子どもが次々に外に行くのを見て、自分はまだ済ませてないのに、もうみんなが遊びに行っていいものと勘違いして、ノートを出さずに出ていこうとする子どもがいるのです。その時は、逃さないように見張っていて、

「○○さん、まだです。早くノートを持ってきなさい」

と言います。すると、びっくりして机に戻ります。全然話を聞いていなかった子どもは、作業を始めようにも始められません。休み時間が始まり、しばらくしてから、何をしていいのかわからなくてうろうろしている子を集めて、まず、

「先生の話を聞いていましたか?」

と聞きます。その後、作業内容を教えます。このようなことを、新学期当初は、教科を変

えて何度か行います。

　このように、**教師の話を聞いていないと損する、困るという状況を、たくさん仕組んでいく**のです。

⑤ あらゆる機会を利用する

私は、子どもたちが話を聞く訓練の場として、あらゆる場面を利用します。

(1) 集会での先生方のお話

児童集会があった時に、まずお話をされるのが校長先生です。これは、どこの学校でも同じだと思います。この校長先生のお話は、子どもたちが話を聞く訓練を積むための、またとないチャンスです。

私は普段から、「今日のお話は、○○のこと、○○のこと、○○のこと、と3つにまとめられるね」とか、「今日のお話は、簡単に言うと、○○のことと言えるね」というように、要約の方法を子どもたちに教えています（※詳しくは、「第2章　子どもが聞きたくなる教師の話し方」を参照）。校長先生のお話の内容が、Aのこと、Bのこと、Cのこと、と3つに要約されたとします。

集会が終わって教室に戻ると、私はすぐ全員を立たせてから、次のように言います。

「今日の校長先生のお話には、大切な中身が３つありました。３つ全部言える人は座りましょう」

こう言うと子どもたちは指を折りながら、話の内容Ａ、Ｂ、Ｃを確かめています。指が３つ折れた子どもは座ります。ＡとＢ、あるいはＢとＣというように２つだけ、中にはＡ、Ｂ、Ｃのどれか１つしか分からないという子は立っています。もちろん、１つも分からない子どもも立っています。そこで、次のように言います。

「じゃあ、２つなら言える人は手を挙げて」

何人かの子どもが手を挙げます。

「２つでいいから言ってごらん」

と言うと、

「○○のことと、○○のこと」

と答える子がいます。そうすると、

「あっ！」

と声を上げる子どもが出てきます。他の子の発言の中に、自分の分からなかったことが

あったのでしょう。そこで、

「今の発表を聞いて、3つ揃った子がいるね。ラッキーだな。3つ全部言える子は座っていいよ」

と言うと、何人かの子どもたちがうれしそうに座ります。

このように、校長先生や他の先生方のお話を聞く機会があれば、いつも子どもたちに問いかけて、聞くことや要約することを練習する機会にします。ところが困ったことに、何を言いたいのかよく分からないような話をする校長先生や先生方もいます。私が聞いていても、「何が言いたいのだろう?」と首を傾げる時もあります。子どもたちを見ていると、後で私に聞かれると思っているのか、一生懸命お話を聞いています。そんな時は、子どもたちがかわいそうになるので、話の内容を確かめることはしません。集会が終わって教室に戻っても、素知らぬ顔をして授業に入ります。

(2) 校内放送があった時

給食中などに校内放送が入る時があります。例えば、「今日の昼休み、図書館は本の整理のために閉館します」という内容だったとします。私は、こんな時に子どもたちが騒いで放送を聞いていないと、「しめしめ」とうれしくなります。まるで残雪を待つ大造じいさんのような気持ちです。

そして、給食が終わり、みんなで「ごちそうさま」を言います。普段なら、次々と食器の片付けに取り掛かります。そんな時、私は次のように言います。

「ちょっと待って！　さっき給食の時間に校内放送があったよね。内容を言える人は前に出ましょう」

校内放送をきちんと聞いていた子どもは、前に出ます。その子を私の耳元に呼びます。そして、他の子に分からないように、手やノートで口元を隠しながら、答えを聞きます。合っていると、

「正解！　食器を片付けてよろしい」

と声高々に言います。よくテレビのクイズ番組などでも、答えが分かった解答者が、司会者に耳打ちする場面があります。その場面を思い出してください。

すると、みるみる顔色が曇ってくる子どもが何人かいます。例のごとく、元気印の子どもたちです。給食中に校内放送を聞いていなかったのは明らかです。正解した子どもたち

が、次々と遊びに出ていき、元気印の子どもたちの顔色はますます曇っていきます。

しかし、困ったことが起きました。先に合格をもらったDさんがこう言ったのです。

「先生、食器、1人では片付けられません」

Eさんと一緒に食器を片付ける当番なのですが、Eさんは元気印の1人なので、まだ答えられずに残っています。

そこで、私は次のように言いました。

「そうか、1人では片付けられないか。相手はEさんだな。では、Dさん、次の3つから選びなさい。①1人でがんばって片付ける。②Eさんが正解するまで待つ。③Eさんにヒントをあげる。さて、どうする?」

すると、Dさんは言いました。

「ヒントをあげる」

その瞬間、Eさんの目が輝きました。ヒントをもらったEさんは笑顔で私の方にやってきます。答えを聞き、

「正解! 片付けてよろしい」

と言うと、うれしそうにしています。

「Eさん、得したな」

するとEさんはにこっと笑い、2人で食器を片付けに行きました。こういう時に子どもたち同士のよい関係ができると思います。この2人は、どちらかというと、力関係ではEさんの方がDさんより上です。しかし、今回、EさんはDさんにヒントをもらうことにより、借りができました。ヒントをあげたDさんも、Eさんに感謝されてうれしいはずです。

さあ、残りの子どもたちを、いつまでも席に着かせておくわけにはいきません。残った子どもたちに、

「仕方ないなあ。今日の放送内容は、……だよ。次はしっかり聞いているように!」と言って、全員解放します。

この子どもたちは放送を聞いていないのですから、いくら待っても、答えが出てくるはずがないのです。こういう時に、がみがみと怒っても、子どもたちは遊びに行きたくて仕方ないのですから、あまり効果はありません。私は、長くても5分だと思っています。「しまった!」と思わせるのが大事ですから、10分、15分と延ばしても効果はありません。ましてや、罰と称して「休み時間なし!」というようなことは絶対にしません。

以上のようなことを、繰り返していると、ある日、面白いことが起きました。給食中、この日も子どもたちは、ワイワイガヤガヤとおしゃべりをしていました。ところが、校内放送が始まったとたんに、Eさんが突然みんなに向かって、

「おい、おい、静かにしろよ！　放送が聞こえない！」

と言ったのです。今までなら、放送なんかお構いなしに騒いでいた元気印です。力のあるEさんの発言ですから、みんなは静かにしました。放送が終わった後で、

「Eさん、いいところあるなぁ」

と私が褒めると、

「だって、先生、後で絶対聞くだろ！」

と口をとがらせて言ったので、クラス中が大笑いになりました。

6「分からない」も立派な答え

子どもたちを見ていると、友達の発表を聞いている時に、全く無表情な子がいることに気が付きます。表情の乏しい子ども、反応の薄い子どもがいるのです。

私は子どもたちに、次のように「反応すること」を教えます。

「人の発表を聞いて、同じと思ったら、うなずきましょう。ちょっと変だな、よく分からないなと思ったら、首を傾げましょう。面白かったら、笑いましょう」

そんなことまで教えるのかと思うかもしれません。しかし、反応することがうまくできない子どもには、教師が教える必要があるのです。

反応の薄い子どもたちも、何かしら反応する習慣を付けることで、話を聞く意識を高めることができます。また、発表した子どもも、自分の話をきちんと聞いてもらっていると確認することができます。何も反応がないというのが、一番良くないのです。

ただし、笑いについては、注意しなければいけません。次のように付け加えておきます。

「人の発表を聞いて、面白いと思ったら笑ってもいいと言いました。面白いことを我慢できるはずないからね。でも、いつまでも笑うのはやめよう。調子に乗って、いつまでも笑い続けるのは、人を馬鹿にすることです」

このように注意しておくと、子どもたちも気を付けることができます。また、みんなと笑いを共有するためにも、きちんと人の話を聞こうとするのです。

言いたいことが言えるクラスを「かいほうされたクラス」と言います。でも、「人が嫌がること」や「言わない方が良いこと」を自由に言うのとは、違います。「言われて嫌なこと」は言わせない、これは徹底します。

よくあることですが、授業中に、教師に指名されたり、発言の順番が回ってきたりした時に、子どもが黙り込んでしまうという場面があります。

新しいクラスをもち、初めてそういう場面に接した時、私は、ちょっと怖い顔をしてこう言います。

「黙っていても分からないぞ。時間が過ぎていくだけで、授業時間がもったいないだろう。なぜ黙っているのか、次の3つから選びなさい。①答えが分からない　②先生の話を

聞いていなかった　③とてもお腹がすいて、力が出ない」

初めは、私のちょっと怖い顔を見て緊張していた子どもたちでしたが、③の「とてもお腹がすいて、力が出ない」を聞いた途端、笑い出します。私はよくこういう言い方をします。3つのうち、1つはとてつもなく常識から外れている、または、面白くてとても答えとは言えないものを入れておくのです。

すると、子どもは「①！」とか「②！」とか、最低限の発言をします。

「おいおい、せめて『①です』とか『②です』とか言ったらどうだ」

と、つっこみを入れつつ、こう続けます。

「人間と他の動物との一番大きな違いは『言葉を使えること』だから、黙っているのが一番良くないよ。せめて『分かりません』とか『聞いていませんでした』と言わなければいけない。『分かりません』は、何も恥ずかしい答えではないんだ。分からないことは世の中にいっぱいあるし、先生だって分からないことはたくさんある。分からないことがあるから学校に来ているんだろう？　『分からない』も立派な答えの一つなんだよ」

発言を求められた時には、「分かりません」「今、考えています」「後で言います」など、必ず何か答えるようにさせます。それは、聞く意識を高めるためだけではなく、発言することに対する抵抗感を減らすためでもあります。

そうやって、「黙っているのは一番だめ」「何かを言わなければいけない」「分からないことは、恥ずかしいことではない」ということを徹底していきます。子どもに意見を求めた時、「分かりません」と答えたら、「分かりません」と言えたことを褒めます。さらに、「どこが分からないのか言えるともっといいね、言える？」と、徐々に発言を引き出すようにします。

そのうちに子どもたちも慣れてきて、当てられても「分っかりませ〜ん」と調子に乗って答える子どもが出てきます。いよいよ次の手を打つ時です。私はこう言います。

「先生は『分かりません』も立派な答えだと言いました。しかし、いつまでも『分かりません』で終わっていたら進歩がないよね。今日は、ちょっと違うことをしてみよう。『分かりません』と答えた後には、他の子の意見をよく聞いていなさい。先生は、最後に誰の意見が一番自分の思ったことに近いか、誰の意見が一番良いと思ったか、君に聞くよ」

「分からない」と最初に言った子どもには、このように言っておきます。次にも「分かりません」と答える子がいたら、

「君にも、後から誰の意見が一番良かったか聞くよ」

と言っておきます。そして、一通り子どもたちの発表が終わったら、一番初めに「分かりません」と答えた子を指名して、

「では、今までの中で誰の意見が一番良かった？」

と聞きます。その子が「〇〇さん」と言ったら、「どんな意見だった？」とさらに聞きます。その子がきちんと聞いていて答えられたら、「えらいな。よく聞いていたね」と褒めます。もし名前しか答えられなかったら、「今度からは、名前だけでなくてどんな意見だったかも聞くから、言えるようにしようね」と柔らかく念を押します。

「分からない」ことを叱るのではなく、「分からない」からこそ、きちんと話を聞こうと思うように仕向けるのです。たぶん子どもたちは私の表情から、今までと違って「これはまずい！」と感じ取るのでしょう。「分かりません」と答えていた子どもたちは、意外とその後の話は聞いているものです。「どこが一番良かったの？」と聞くと、ちゃんと納得する答えを返してくる子どももいます。

この時に、教師は、「分かりません」と言った子全員をよく覚えていて、誰をもう一度当てるのか忘れないことが大切です。「最後に当てる」と言ったからには、教師は意地でも、『分かりません』と言った子どもの名前を覚えておかなければいけません。心配なら、こっそりメモしておくのもいいでしょう。

私は、子どもたちに次のように言います。

『分かりません』という言葉を使っても、先生は絶対に怒りません。だから、何も遠慮することはないですよ。『分かりません。教えてください』と、どしどし聞いてください。でも、話を聞いていなくて分からないのは別。その時は怒るかもね」

子どもたちが「先生、質問！」とか「先生、ここが分からない」と言っても、絶対に声を荒げたり、不機嫌な態度で接したりすることはありません。これは、私が自信をもてることの一つです。子どもたちに

「先生は、今まで君たちが『分かりません』と言って、怒ったことがありますか？」

と胸を張って言えます。

⑦ 子どもに応じた指導

　これまでに述べたように、とにかく、教師や他の子の意見などを聞いていないと、困るように困るように仕向けていきます。そして、よく聞いていた子は、しっかりと褒めることが大切です。

　私は、このような手立てを、だいたい5月の連休明けまでに徹底して行います（P50図1参照）。

　もちろん1年生と6年生では、発達段階が異なるので、当然反応も異なります。私の経験からは、3、4年生以上ならば、この方法で5月の連休明けに、ほとんどの子は話を聞けるようになります。
　1、2年生ならば、もっと優しい言葉に換える必要があるでしょう。また、できるようになるまでに時間がかかるかもしれません。そのあたりは、クラスの子どもたちの様子に応じて変える必要がありますが、原則の方法「指示は1回」は同じです。そして、「同じことを二度言わない」「子どもの発言を繰り返さない」「聞いていないと困るように仕向ける」を徹底します。

また、教師の頭を悩ませるのは、どれだけ言ってもしない、できない子どもの存在でしょう。

教師の中には、このような子どもたちをとにかく叱り続ける人がいますが、効果があるとは思えません。このような子どもには、大きく分けて2つのパターンがあります。

1つは、横着な子どもです。このような子どもには、負けずに根気よく言い続けます。ただし、教師の方が冷静さを失わないことが大切です。

もう1つは、能力的に課題のある子どもです。いろいろな子どもたちがいて、どれだけ教師が指導・注意しても、ある行動がどうしてもきちんとできない子どももいます。その場合は、「この子どもは、これが苦手である」ということをなるべく早く把握する必要があります。そうしないと、その子にとって無理なことをいつまでも要求することになってしまうのです。

教師は、一人一人の子どもに応じて、指導方法を変えなければなりません。

例えば、「音楽は音楽室でします」と言っても、話が聞けなくて教室に残っていたり、どこへ行ってよいか分からずにうろうろしたりしてしまう子どもがいます。この場合は、「音楽は音楽室でします」と言いながら、黒板に小さく『音楽室』と書いておきます。

また、計算ドリルを1ページ終わらないと次のステージに名前の磁石シールを貼りに行けない（P59参照）という状況でも、とにかく貼ろうとする子どももいます。普段の行動から分かるので、そのような行動をさせないように、その子どもは特に注意深く見ておく必要があります。そして、そばについて、一緒にドリルを手伝ってやります。

時には厳しく感じることがあるかもしれませんが、私のこの方法に慣れてくると、子どもたちは話を聞けるようになっていきます。ほとんどの子が話を聞ける状態になった時、こんな話をすることもあります。

突然教師から指名された子どもが、気まずそうに「聞いていませんでした」と答えたとします。その子は、普段はきちんと話を聞く子で、その時はたまたま聞いていなかったのです。体調がすぐれないという可能性もあるので、「どうしたの？」と聞きます。すると、その子が「ちょっと、ぼおっとしていました」と言いました。本来なら、きちんと話を聞くように指導するところですが、相手や場面に応じて、対応を考える必要があるでしょう。私はこう答えます。「そうだな、人間そんな時もある。そんな時は、『ごめん、先生。今、ぼおっとして聞いていなかった。もう1回だけ言って！』と言えばいいよ」

こんなことも正直に、自由に言えるクラスが、真の「かいほうされたクラス」だと思うのです。

図1　新学期スタート時の手立て

時期	子どもが話を聞くようにする手立て	子どもの反応	教師の話し方	通しての指導
4月1週	・指示は1回しかしないと宣言する ・一度話したことは絶対に言わない	・緊張して、戸惑いを見せる	・結論は先に ・いくつ話すか、初めに提示	・教師は子どもの発言を繰り返さない ・行動を伴う指示をする ・集会、校内放送などのあらゆる機会を利用 ・聞いていないと困るように仕向ける
2週	・「分からない」も答え、必ず何か言うように教える	・ちょっと安心する	・結論は先に ・いくつか話した後、いくつあったか聞く	
3週	・手を挙げない子にも意見を求める ・分からないと言った子どもに後から意見を求める	・また、緊張して他の子の発言に集中する	・話をした後に内容を簡単にまとめて言わせる。	
4週	・声の小さい子の対処方法を教える	・よく聞こうと集中する		
5月1週	・よく分からない意見の対処方法を教える	・意味を分かろうと質問する		

CHAPTER 2

子どもが聞きたくなる教師の話し方

日頃、子どもたちに「話を聞きなさい」と言っている私たちですが、そもそも子どもたちが聞きたくなるような話し方ができているでしょうか。

肝心の教師が、**何を言っているのかよく分からない話し方をしているようでは、子どもたちに聞く態度が身に付かないのは当然**です。子どもたちに求めるのなら、教師の方も分かりやすい話し方をしなければなりません。

本章では、子どもの心に伝わりやすい話し方のコツを紹介していきます。

① いくつ話をするか、初めに提示する

私は、連絡事項などを話す時に、まず「今から連絡を3つします」などと言ってから、話を始めます。話し終わってから、「いくつありましたか？　どんなことでしたか？」などと、必ず子どもたちに確認します。

基本パターンの話し方は、次のようなものです。

「今から大切なお話を3つします」

「まず、1つ目は、……。2つ目は、……。3つ目は、……」

「全員立ちましょう。今、先生が話をしたこと、全部言える人は座っていいです」

この時、話の内容は要約でいいと伝えます。「だいたいでいいからね。例えば、先生が今日の昼休みは……と話したら、『昼休みの過ごし方』とか『昼休みのこと』と言えばいいです」


私は、話を聞いていたかどうかなど、何かを子どもたちに確認する時は、必ず「全員立ちましょう。できた人から座っていいです」と言って、「できた子」を座らせるようにしています。初めは逆でした。座った子どもたちを前に説明して、できた子どもから立たせていました。

しかし、ある日、ふと気が付いたのです。きちんと話を聞いていた子どもたちが立っていて、横で話を聞いていない子どもが座っています。座っている子は全然困った様子を見せないのです。座っているので、疲れるわけでもない。座っていると目立たないので、恥ずかしい思いをするわけでもない。「これでは駄目だ」と感じました。それからは、まず「全員立ちましょう」と言ってから、できた子を座らせるようにしています。すると、話を聞いていた子は、座ってゆっくりできます。そして、話を聞いていなかった子は、立っていなければならないので、ちょっと恥ずかしい思いをするのです。

② 順番に話をする

基本パターンができてきたなと感じたら、次に中級パターンに移ります。

「今から大切なお話をいくつかします」

「まず、初めは、……。２つ目は、……。最後に、……」あるいは、

「まず、初めは、……。次に、……。次に、……。最後は、……」

「お話はいくつありましたか？」

基本パターンでは、初めに「3つ話をします」というように、話の数を子どもたちに宣言しました。しかし、中級ではいくつあるかは言いません。それは、子どもが数えるのです。そして、「今、大切なことを、いくつ話しましたか？」「どれだけ言えますか？」「全部言える人？」と、聞いていきます。当然、全員立たせてから聞きます。

③ 結論は先に

まず結論を先に示すというのが、分かりやすい話し方のコツです。これから何を話すか、初めに示しておくと、子どもたちの頭の中に、情報が伝わりやすくなるのです。例えば、次のような導入の方法があります。

・「今から大切な話を3つします」…大事な話だな。ちゃんと聞いているか、先生に試されるぞ！
・「明日の遠足の持ち物について話をします」…これは聞いておかないと困るな。
・「昼休みの過ごし方についての話を2つします」…今日は雨だから、何かあるのかな？
・「今日の宿題について、話をいくつかします」…いくつあるか、絶対に聞かれるぞ。
・「今から、明日の宿題と準備物について、話をします」…2つの大切なことがあるな。

一番良くないのは、だらだらと話し始めることです。何の話なのか、情報がいくつあるのか、聞いている子どもたちには見当がつきません。そのような場合は、子どもたちがだんだん話を聞かなくなっていきます。

4 行動を伴うような指示を入れる

例えば、次のような話し方をする教師がいます。

「地図を出して、○ページを開けて、東北地方を見なさい。宮城県があるのが分かるかな。その宮城県の仙台市とその近くの石巻市を探しましょう」

一度にこれだけたくさんの情報を処理するのは、子どもたちにとっては難しいことです。

私は、所々で指示を切って、本当に分かっているのかを、子どもたちの行動で確認するようにします。次のような手順です。

1. 地図を出しましょう。（全員出したか、確認）
2. ○ページを開けて、まず東北地方を探します。（見つけた人は手を挙げなさい、確認）
3. 宮城県の仙台市を探します。見つけた人は、仙台市を指で押さえましょう。（全員指で押さえたか、確認）
4. すぐ東に石巻市があります。見つけた人は立ちましょう。（なかなか立てない子に近

寄る）

こうやって少しずつ指示を切っていくことにより、追い付けない子を見つけて、支援することができます。また、指で押さえる、その場で立つなどの行動によって、子どもたちが指示に従うことができているか、達成できているかが視認しやすくなるのです。一連の指示を出すだけだと、子どもが実際に理解できているかどうか、教師には分かりません。すると、さぼったり、手を抜いたりする子も出てきます。ところが、行動で確認されると、子どもたちはやらざるを得ないのです。

算数で計算ドリルを使う時にも、この「行動せざるを得ない方法」を使います。例えば、計算ドリルの12ページから15ページを解くとします。私は計算ドリルを始める前に、黒板に5段の階段の絵（ステージ）を書きます。一番下の階段には「スタート」と書いて、その上の階段には12、順次13、14、15と書き込んでいきます。一番上の15には「クリア」または「ゴール」と書きます。そして、一番下に名前を書いた磁石シール（子どもたち一人一人の名前の書いてある短冊状の小さな磁石板）を貼り付けてから、こう言います。

「今、みなさんは一番下のスタートのところにいます。12ページを終えた人は、1つ上のステージの12に名前の磁石シールを貼ります。そうやって、ドリルを1ページ終わるたびに前に出てきて、名前を移動させていきます。最後の15ページを終えた人は、一番上のゴールにたどり着くことができます」

こうすると、子どもたちはテレビゲームのステージをクリアするような感覚でドリルに取り組めます。そして、何より「誰がどこまでできたか」が一目瞭然です。これに、「1つステージを上がるたびに、ゲームに出てくるアイテムやキャラクターの絵を1つ黒板に書いてもいい」とおまけを付けることもありますが、それに時間をかけてしまう子が出てくるので、注意が必要です。その時は、早く切り上げさせるようにします。

5 集中しなければならない状態を作る

「話をする人の方を向きなさい」とはよく言うことですが、低学年ならば、もっと具体的に「おへそと耳と目を話す人の方に向けなさい」と言います。相手の話に集中するように導くことが大切です。

先日、次のようなことがありました。担任の先生が出張で、私が代わりに自習授業を見に行った時のことです。2年生の子どもたちがプリントに取り組んでいますが、途中で指示しなければならないことが生じました。私はまず、「鉛筆を置きなさい」と言いました。しかし、まだ鉛筆を触っている子どもがいます。

この状態で話しても、話を聞かない子どもが出てくるのは目に見えています。そこで、「鉛筆を置きなさい」と言った後、続けてこう言いました。「それから、鉛筆を筆箱に入れなさい」。子どもたちは、一瞬「えっ」という顔をしていましたが、鉛筆をしまい始めました。プリントの上に鉛筆がまだ残っている子には、「〇〇さん、まだだよ」と注意を促して、全員が鉛筆を筆箱に入れたのを確認してから指示を出しました。

この時、「鉛筆を置きなさい」だけだと、子どもたちは目の前の鉛筆を触ろうと思えばすぐに触ることができます。しかし、筆箱の中に入れてしまえば、鉛筆を触ることはできません。私は、やめさせたい行為（この場合、鉛筆を触ること）が、したくてもできないような状態を作るのです。

「鉛筆を触ってはいけません」と口で指示をするだけで、それに従わない子どもがいると、すぐに叱る教師もいます。しかし、叱るよりも先に、教師が工夫すべきことがあるのです。

また、次のようなこともありました。3年生の理科の授業で、河原に校外観察に行くことになりました。担任の先生から、引率が一人では不安なのでついてきてほしいと頼まれたのです。まだ若い先生だし、とても元気な子どもたちだったので、私もついていくことにしました。目的は、河原に生えている植物の観察です。

担任の先生は、河原を背にして話を始めました。しかし、子どもたちは、先生の後ろに見える川の水の流れが気になって、全く話を聞いていません。その時、魚が一匹水面から跳ねて、ぽちゃんと音がしました。誰かが「あっ!」と声を上げて立ち上がりました。すると、多くの子どもたちがつられて、何だろうと気にし始めたのです。担任の先生は「ちゃんとお話を聞かなければ、だめでしょう!」と叱りました。

しかし、私に言わせると、そもそもこの状態がいけないのです。この場合なら、川が見えないような位置に、子どもたちを並ばせなければなりません。

その後、担任の先生はこう続けました。

「そんなに川が気になるなら、石投げを3回だけ許します。石を3回投げたら戻ってきなさい」

子どもたちは喜んで、川に向かって石を投げています。しかし、3回で戻ってくる子どもなんて1人もいません。4回も5回も石を投げています。担任は慌てて子どもたちを呼び戻しました。その後、観察カードを配って、やっと観察に入りましたが、結局活動時間は全然足りませんでした。

授業が終わってから、私はその先生に次のようにアドバイスしました。

・観察の指導をする時には、子どもたちが気になるものを視界に入れないように、教師と子どもたちの位置関係に気を配ること。
・石投げを許可するのなら、観察カードを仕上げて合格した子どもから、ごほうびとして許可するようにすること。

このように、話を聞かない原因を物理的に排除することも大切です。

例えば、教師が話をしているのに、隣同士で並んでいる子どもたちが、ふざけ合っていたとします。指でつつき合ったり、足で蹴り合ったりして、全然教師の話を聞いていません。当然、教師はこの2人の子どもたちに注意をします。しかし、なかなかやめません。そのような状態は、よくあることです。ほとんどの教師は、徐々に叱るトーンが上がっていきます。

「やめなさい」（初めは冷静に）
「何度言ったら分かるの」（徐々にヒートアップ）
「いいかげんにしなさい！」（最高潮）

私も若い頃は大声を出して怒っていました。しかし、大声を出して怒る割には効き目がないことと、年をとってエネルギーがなくなってきたことで、最近は大きな声では怒らなくなりました。

「やめなさい」（軽く注意）

「さっき言ったよ。やめなさい」（もう一回注意）

「仕方ないな」（最後の手段）

そう言って、２人の席を届かない距離まで静かに離してしまいます。こうすれば、２人はふざけたくても、もうできません。大声で怒るよりも、効果てきめんです。

6 説明しすぎない

授業を開始する時、子どもたちに向かって、どのように話し始めるでしょうか。中には、とても丁寧に説明を始める教師もいます。

「はい、国語の時間です。さあ、教科書を出して、今日は○ページからですね。では、○○さん、今日勉強するところを読みなさい」といった具合です。とても親切です。

私は、決してこのような親切なことはしません。授業の始まりでも、「今日は○ページを開いて」というような細かい指示はしないのです。「○○さん、今日学習するところを読みなさい」とか、「今日はどこからでしたか？」と言うだけです。特に算数だったら、いきなり「授業を始めます。○○さん」というだけです。

私の授業では、開始の時点で机の上に教科書が出ていて、続きのページが開かれている、ノートも今日書くところが開かれているというのが前提です。そして、昨日どこまで進んだかを分かっているのも、当たり前のことなのです。

私が担任した子どもたちのほとんどは、4月当初、授業が始まると慌てて教室に駆け込んできて、教科書やノートを出すだけ。中には、遅れてくる子もいます。そして、教師の指示を待っています。指示がなくても今日始めるところを開ける子どもは、ほんの少しという状態でした。なぜ教科書やノートを開かないかというと、教師が「今日は○ページからだよ」と言ってくれるのを待っているからです。

私の授業では、指示を待っているだけだと叱られるので、子どもたち自ら用意をして動きます。

しかし、すぐにここまでの状態になるわけではありません。徐々に動けるようになっていきます。4月当初の子どもたちを見て、私は、次のように働きかけていきます。
1．授業の終わりに、「次の時間の教科書、ノートを出してから休み時間にすること」と言い、教科書、ノートを出してから休み時間にしているか確認する。
2．授業の始めに、「授業が始まったら先生がいなくても、すぐに今日勉強するところを開くこと」と言う。そして、「全員、立ちましょう。教科書、ノートの今日勉強するところを開いている人は座りましょう」と言う。すると、教科書、ノートが開いている子はすぐ座る。まだの子どもは慌てて開いてから座る。全員座ってから、「今日は何ページの何番からですか？」と子どもたちに聞いて授業を始める。
3．2を毎日毎時間しばらく続けると、休み時間が終わって教室に入ってくるなり、教科書、ノートを開くようになる。気の利いた子は、教科書、ノートを出した時点で、今日勉強するところを開いてから、遊びに行くようになる。

4．1～3が徹底されてきたら、いきなり「はい、○○さん、読みなさい」と言って、授業を始める。初めてこう言った時は、子どもたちもさすがに戸惑うので、「昨日は何ページの何番までやりましたか？」と聞いて、「じゃあ、今日は○番からだね。だから、そこを読めばいいです」と伝える。

算数が分かりやすいので、まずは算数で試すとよいでしょう。それぞれの教科のやり方に合わせていけば、いちいち「教科書出して…」「○ページ開けて…」などと言う必要がなくなります。

また、授業の終わりには、次の授業で困らないようにするため、教師の話を集中して聞くようになります。これまた気の利いた子は、授業の終わりになると、教科書にさっと鉛筆で印をして、どこまで勉強したか分かるようにしておくのです。ただし、教師は、授業の終わりに「続きは明日」とか「この続きを今度するよ」と、必ずはっきりと言うようにしましょう。

7 具体例を多く取り入れる

話を聞く時に、具体的なエピソードが盛り込まれていると、イメージがしやすい、分かりやすいと感じることが多いのではないでしょうか。

私も、話をする時には、「例えば……」とか「こんなことがありました。……」というように、過去のエピソードを話したり、ロールプレイをさせたりすることがよくあります。例を挙げましょう。

遠足で電車を使うとします。「電車の中では、静かにしましょう。吊革にぶら下がって、遊んではいけません」というのは、よくする注意です。私は、さらに次のようなエピソードも加えます。

「先生が電車に乗っていた時、ちょうど、遠足の子どもたちと一緒になったことがあるんだ。その子たちは電車が駅についてドアが開いたら、どっと駆け込んできて、すごい勢いで我先にと席を取った。降りようとしていたお客さんがびっくりして、「この子ら、どこの学校だ！」と怒っていたよ。それだけじゃなく、吊革にぶら下がって、まるで動物園のお猿さんみたいだった。あれは、みっともなかったなぁ」

こう言っておくと、ただ「電車の中では、静かにしましょう」と言うよりもずっと効果があります。

私は、「遠足に行く」「体育館に移動する」など、何か子どもたちと行動する時には、子どもたちがしそうな悪い行動を、あえて具体的に示すことで、事前に封じ込めようとします。私は、この作戦を「ワクチンを打つ」と呼んでいます。今日は大掃除をするというような時には、「このクラスの子どもたちなら、こういうことをするだろうな」と予想して、事前に「雑巾を投げて遊ぶような子どもは、いないだろうな」などと、わざと言っておくのです。

次にロールプレイの例を挙げましょう。

「不審者が近付いてきた時に、甘い誘いに乗ってはいけません」というのも、よくする注意です。また、「何かお菓子を買ってあげようと言われても、絶対についていってはいけません」とも言います。このような一般的な注意をした時、子どもたちは必ず「大丈夫、大丈夫、変な人にはついていかないよ」と言います。

私は、「本当に大丈夫かなぁ。ためしてみるよ」と言って、誰か一人を前に出します。そして、その子を学校帰りの小学生と見立てたロールプレイを始めます。

私はその子に近寄り、こう言います。

私　「ねぇ、ちょっとそこのぼく。お菓子を買ってあげるから、おじさんの車に一緒に乗ろう」

子ども「いらない！　行かない！」

私　「そんなこと言わないで、一緒に行こうよ！」

子ども「やだ！　誰か助けて〜」

2人のやりとりを、子どもたちは笑いながら見ています。中には「次、僕がやりたい」と言ってくる子もいます。頭の切れる子は、なかなかの演技をします。なぜなら、このロールプレイでは、担任の教師が不審者という設定なので、何を言っても怒られないということが分かっているからです。

私　「ねぇ、ちょっとそこのぼく。お菓子を買ってあげるから、おじさんの車に一緒に乗ろう」

子ども「お菓子なんていらない。なんだ、変なやつ！　みなさ～ん、不審者が出たよ～」

私　「そんなこと言わないで、一緒に行こうよ！」

子ども「うるさい、あっちへ行け！　警察呼ぶぞ～」

こんなふうに、言いたい放題です。子どもたちは笑い転げて見ています。しかし、これで負けていてはいけません。大人の本領を発揮する時です。

「うるさい！　言うことを聞かないと、ひどい目にあわせるぞ！」と言って、その子を抱きかかえて持ち上げます。びっくりした子どもは「はなせ、はなせ」と言って足をばたばたさせますが、抱えて連れ去ろうとします。そして、こう言います。

「いくらみんなが頑張っても、相手は大人。力を出されたらかないません。だから、すぐに逃げること」

8 二八の法則

書き言葉と話し言葉には、「二八の法則」というものがあります。

例えば、文章1ページに10の内容があるとします。書き言葉なら、この10の中に読者のほとんどが知らないこと（未知）が8、知っていること（既知）が2でも構いません。未知のことが多くても、問題はないのです。たとえ読者が「これは、どういう意味だろう?」とか、「書いてあることが、よく分からない」と思ったとしても、読み返すことができるからです。また、立ち止まって考えたり、調べたりすることができるからです。

しかし、話し言葉はそうはいきません。未知で難しい内容が多いと、聞き逃してしまった時に、振り返ることができません。だから、話し言葉の場合は、1ページ分に10の内容があった場合、既知を8、未知を2にします。話の中身を既知の話題（社会、芸能、事件など）で進めると、聞き手は「知ってる、知ってる」「ああ、なるほど」と話を聞きやすくなります。そして、その中に未知の話題を入れても、既知の内容とつながりやすく、未知の話題への理解が進むのです。

つまり、書き言葉と話し言葉は全然違うものだと言えます。原稿をそのまま読んでいる人をよく見かけますが、それでは聞き手に理解されません。

子どもたちの学習発表会というと、模造紙に書いてあることを、ただ子どもたちが読んでいるだけという光景を見ます。私は、子どもたちが発表する時には、「書いてあることは読めば分かるから、模造紙の内容を読むだけではダメだよ」と言っておきます。子どもの学年にもよりますが、発表原稿を別に用意させるようにします。子どもたちは、書き言葉を話し言葉に直したり、難しい言葉をやめたり、注釈を入れたりしながら、原稿を完成させます。

次の話は、社会科初志の会の講演で聞いたのですが、社会科の実践で有名な有田和正先生は、学習発表の時に「調べたこと」「分かったこと」などの他に、「面白いこと」という観点も入れるそうです。どれだけよく調べてきちんとまとめてあっても、「面白く」なければやり直しという厳しいものです。やり直しと言われた子どもは、親子で発表原稿を見直してジョークなどを考えてくるそうです。

しかし、これは大切な観点です。面白いと、人は聞きます。面白くなければ、人は聞きません。人に聞いてほしければ、相手が分かっていることを入れるか、面白いことを入れるか、その点を心がけるとよいでしょう。

9 10の内容より6の内容

教師の悪い癖の一つに、大事なこと全てを一度に伝えようとしてしまうという点があるように思います。「二八の法則」にも通じますが、大事なこと全てを話しても、子どもたちは聞きません。

例えば、生活指導の担当として、集会で話したいことがあるとします。このように、ある一定の時間内に言いたいことが10あるという場合、ほとんどの教師は平板的に10の内容を話します。私は内容を考えて、「これは多いから聞かないな」と思ったら、思い切って6の内容に減らしてしまいます。

そして、先ほど述べたように、面白い話をしたり、エピソードを入れたりして、6の内容の全てを子どもたちが聞くように工夫します。10の内容があるのに6でいいのか、と疑問に思う方もいるでしょう。しかし、聞かない10の話より、聞く6の話の方が良いと思うのです。

ほとんどの教師は、「私は大事なことを話したから、聞いていない子どもが悪い」と考えがちです。それも事実です。しかし、子どもに伝えるための工夫を忘れてはなりません。

私は、同僚の教師に「集会で楠木先生が前に出るだけで、子どもたちは静かになる」と言ってもらったことがあります。私はいつも何か工夫をするようにしていたので、子どもたちにも「この先生が出てきたから、何か面白い話かな」という期待感があるのでしょう。日頃から、**子どもが聞きたくなるような話し方をしていれば、子どもたちは話を聞く態度を身に付けていく**のです。

10 何かを持ちながら話す

話をする時には、何も持たないというのがほとんどでしょう。何かを持ちながら話すというのは、意外に思うかもしれません。しかし、私は、特にたくさんの子どもたちの前で話をする時は、できるだけ何かを持とうと心がけます。何かを持つと、そこに子どもたちの視線が集まるからです。

ボールの使い方を話す時は実際にボールを持って、運動場にゴミを捨てないという話をする時は、実際に運動場に落ちていたゴミを見せます。

何も持たないで話をするのと、何かを持って話をするのとでは、子どもたちの注目度が全然違います。まずは「話をする人の方を向く」ということ、それが自然にできるのです。

⑪ 話のネタの集め方

話の中に、子どもたちが興味を持っている話題を入れると、聞き耳を立てるのは当然でしょう。日頃から、そのようなネタを集めておくと便利です。

算数で練習問題が足りない時に、即興で作った問題を子どもたちに解かせることがあります。その時にも「のび太が千円持っていました。そこにジャイアンが来て…」という問題にするだけで、子どもたちの注目度が違います。

私の息子たちが小さい時はポケモンがブームだったので、彼らとの会話のネタがそのまま使えました。子どもたちが話しているポケモンの名前を聞けば、だいたいどんなものか想像できましたし、「基本系」とか「進化系」という言葉を、体育の授業で特によく使いました。さすがに息子たちも大きくなり、私も担任をもたなくなったので、最近の「妖怪ウォッチ」はちょっと分かりませんが。

⑴　アイドルのネタ

女の子たちはアイドルが好きです。人気のアイドルの情報も、一応調べておきます。10年以上も前ですが、「嵐」がデビューした頃、子どもたちが「嵐」「嵐」と言っているのを聞いて、顔と名前、歌などをチェックしておきました。

「私は興味ないから」と言って、このような話題に無関心な教師もいますが、私の考え方は違います。興味がある、ないではなくて、仕事（担任業）に使えるか使えないかを判断します。民間のセールスマンが顧客情報を集めるのと同じように、教師が子どもたちの興味のある事柄を調べるのは、仕事の一つだと思うのです。

では、どのように使うのか例を挙げてみましょう。

「カブトムシ、クワガタ、アリ、トンボなどを『昆虫』と言います。カブトムシ、クワガタ、アリ、トンボは、それぞれ一つ一つの物の名前ですが、『昆虫』という言葉は、それらをまとめた名前です。このように、ものの名前には『一つ一つの物の名前』と『まとめた名前』があります。では、簡単なテストをします。先生が『一つ一つの物の名前』を順番に言っていくので、それらをまとめる言葉が分かった人は手を挙げなさい」

と、このように話を始めます。

私　「サクラ、タンポポ、バラ……」

子ども「はい、『はな』です」

私　「正解。では、次行きます。カツオ、マグロ、メダカ……」

子ども「はい、『さかな』です」

私　「正解。では、次行きます。二宮、大野、松本、……」

子ども「ええっ、『嵐』？」

私　「正解。では、次行きます。嵐、スマップ、トキオ、関ジャニ、……」

子ども「う〜ん、『ジャニーズ』かな？」

私　「へー、うまいこと言うな。それがいいね」

子ども「なんだ、先生も自信なかったんだ（笑）」

(2) 子どものハプニングから

私の教師経験も30年を超えました。ここまでくると、子どものハプニングで話に使えるネタも一つや二つではありません。一つ紹介しましょう。

夏休みのある日、職員室で仕事をしていました。ふと顔を上げると、Sさん（元気印の1人）が自転車に乗って、こちらに向かってくるのが見えました。右手にしっかりと握っているのは買ったばかりのアイスキャンディー。当然、左手は自転車のグリップを握りながらの片手運転です。すると、不意にそのアイスの袋を口にくわえて引っ張りました。

アイスの袋は取れましたが、まだ食べられません。なぜなら、Sさんの左手には自転車のグリップ。右手にはアイスの棒。口にはアイスの袋があります。

どうするのかな、と見ていたら、彼は口を大きく開けました。すると、アイスの袋は、風にひらひらと舞って道路に落ちていきました。

片手運転のまま運動場に走り込んできたSさんは、こともあろうに走っている自転車から飛び降りました。運転手のいなくなった自転車は、しばらくふらふらと運動場を走った後、ガシャンと倒れました。

自転車から飛び降りたSさんは、木陰に歩いていって、適当な大きさの石を見つけて座り、アイスを一口食べました。

そこまで見ていた私は、

「お～い。Sさん、こっちに来なさい」

と、職員室の窓を開けて大きな声でSさんを呼びました。夏休みだから学校には誰もいないはず、と思っていたのでしょうか、びっくりした様子のSさんは、しぶしぶ立ち上がり、運動場を渡って職員室の窓の下まで来て、こう言いました。

Sさん「先生、何？　何か用なの？」

私　「用があるから呼んだのさ。何だと思う？」

Sさんは首をひねって一生懸命考える様子を見せた後、こう言いました。

Sさん「わかった！　先生！　このアイス、一口欲しいんでしょ」

私　「ばかも～ん！」

私は、学校で生活指導の担当になると、この話を夏休み前の集会の時に利用します。さすがに本物のアイスは使えないので、小道具を作ります。スーパーでアイスを買ってお風呂上りに食べ、袋と木の棒だけ残します。普通なら捨てるところです。色画用紙でアイスの形を2枚作り、棒を挟んで糊で貼ります。袋に入れて完成。それを子どもたちには見えないように持って、集会に臨みます。

私が話をする番になりました。

「夏休みになると、君たちが運動場に遊びに来るのはいいけれど、困ることもあります。運動場でゴミを捨てる子どもがいるのです。これは、本当にあった話です」

Sさんは、私の名前「ひろし」に変えます。私の名前を知っている担任の子どもたちは、ニヤニヤしながら聞いています。しかし、その学校に本当に「ひろし」君がいる場合は、違う名前にします。

子どもたちはこの話を面白そうに聞き、最後のSさんのセリフでは、笑い声が出ます。中には「全然分かってないな」という子どもの声も聞こえます。

話が終わったところでこう言います。

「さて、ひろし君は、いくつ悪いことをしたでしょうか？　教室に帰ったら担任の先生に教えてあげてください」

子どもたちは指を折りながら教室へ帰っていきます。この後、気の利いた担任の先生は、きちんと話を引き継いでくれます。

「楠木先生は面白い話をしてくれたね。さあ、ひろし君はいくつ悪いことをしたのかな。1つずつ言ってごらん」

生活指導の話というと、「ゴミを捨ててはいけません。運動場に自転車を乗り入れてはいけません」というような「してはいけません」話が多いのですが、この話の中には1つも「○○してはいけません」という表現は出てきません。でも、ここには言いたいことが全て含まれていますし、子どもたちにも「してはいけないこと」がきちんと伝わるのです。

(3) あらゆることをネタに

次の話は、私のとっておきのネタです。ある日友人が「面白い話をしてやろうか」と言って近付いてきました。

「昔、昔の話です。まだ人が歩いて旅をしていた時代の話です。

ある旅人が帰りを急いでいました。あたりは暗くなり、

雨風が強くなってきていました。途中で泥棒に襲われてもいけないので、峠の途中で見つけた一軒家に泊めてもらおうと戸をたたきました。

『トントン、すみません。旅の途中の者ですが、一晩泊めていただけませんか』

するど、男が1人出てきました。

『あれあれ、それは御苦労さま。こんな狭苦しい汚いところで私1人しかいないので、十分なおかまいもできませんが、よろしければ泊っていってください』

『それはありがとうございます』

旅人は、玄関先にどっこいしょと腰を下ろしました。その時に背中に背負っていた荷物がどさっと落ちて、荷物の中からお金がチャリンと2、3枚こぼれました。旅人は慌ててそのお金を集めて、バツが悪そうに言いました。

『いや、家が貧乏なもので、両親を医者に診せることもできずに死なせてしまいました。墓もまだないので、町に出て一生懸命働いてお金を貯めてきました。これで両親にお墓を作ってやれます』

それを聞いて、家の主は
『それは親孝行なこった。ご両親もお喜びなさるだろう』

と言いました。しかし、寝床に入った後も、そのお金がまぶたに焼き付いて離れません。

『あのお金があれば、俺もこの貧乏生活から抜け出せる。あいつは旅人だ。いなくなっても誰にも分からない』

そう思った男は、そうっと寝床から抜け出して旅人の部屋に行き、旅人を殺してしまいました（この場面は省略しますが、学年に応じてリアルに話をすることもあります）。

旅人のお金を盗んだ家の主は、贅沢な暮しができるようになりました。

1年が経ったある日、その晩も1年前のあの日のように雨風の強い日でした。急に玄関の戸がドンドンドンと鳴りました。びっくりした男は、何事かと思いながら、その戸をそうっと開けると、なんと1年前に殺した男が、また立っています。

『お、お、おまえは！』

驚いた男は、言葉になりません。

『どうしたのですか？』

訪れた男が言いました。

落ち着いてよく見ると、去年の男より少し若いし、違う男です。

『…な、何か、用かな？』

男は平静を装って言いました。

『実は人を探しています。私の兄が去年町から帰る途中に、行方が分からなくなりました。町で働いていたことは確かです。次から次へと人に聞いて、この峠まで来たことは間違いないのですが、ここから先が分かりません。うちの兄を知りませんか？』

『知らん、知らん』

男は答えました。すると若い男が言いました。

『知らないはずないでしょう』

『なぜ、そんなふうに思うのか？』男は聞きました。

『私はうちの兄は死んでいると思うのです。そして、兄を殺したのは……

おまえだ〜』（指をさして大声で）」

私は大変驚いて、飛び上がりました。その姿を見た友人はお腹を抱えて笑い転げました。

この話を聞いた時から、「いつか使えないか」とチャンスを待っていたのでした。

すると、ついに、その時が来たのです。国語の授業で、斎藤隆介の「モチモチの木」の言葉の意味調べをしていた時です。その中に「きもを冷やす」という言葉がありました。

私　「この、きもを冷やすとは、どういう意味でしょうか」
子ども「とてもびっくりすること」
私　「う～ん、ちょっと違うな」
子ども「心臓がぎゅっとすること」
私　「う～ん、それもちょっと違うな。きもを冷やすというのは……」
と言って、先ほどの話をします（怖い話なら何でもよいのです。最後に驚くような話なら）。
最後に大きな声を出すと、、どの子どもも目を見開いて、のけぞりました。口々に「びっくりした～」と言って、ざわついています。私は笑いをこらえるのに必死でした。中には私の顔を見て「あっ、先生、ひどい、笑っている」と言う子どももいます。しばらくしてから言いました。
私　「これを『きもを冷やす』とか『きもをつぶす』と言います」

私がこの授業をした次の日の朝、教室で仕事をしていた私のところに、１人の女の子がやってきて言いました。おとなしくて、とても聡明な子どもです。
子ども「先生、昨日、国語で驚かす話をしてくれたでしょう。私、夜、お父さんに同じ話をしたの」

私　「ええっ！　お父さん驚いた？」

子ども「すっごく驚いて、座布団から転げ落ちた（笑）」

私　「それはびっくりしただろうなぁ（笑）」

子ども「その後で先生が『これを、きもを冷やすと言います』と教えてくれたと言ったら、すっごく笑って『それは面白い、それはいい教え方だ。いい先生だ』と、とても褒めていたよ」

この話は、もう1か所使える場面があります。6年生などがキャンプをしていて、怖い話をしてくださいと頼まれた時です。

「いいのかな？　この話を聞くと心臓が止まる人がいるかもしれない」とか、「おしっこちびっても知らないよ」と言ってから、この話をします。

私は、これ以外にも「使える！」と思った話は、何でも利用します。関西を中心とした地域では「吉本新喜劇」というお笑い番組がありますが、私はこれも話のネタに使います。

すると子どもたちは「これ、吉本や！」と言いながら、楽しそうに聞いています。

話のネタは、経験したことでなくてもよいのです。例えば本で見つけたことでも、使えるなと思ったら、自分の中に取り込んでネタにしていけばいいのです。

CHAPTER 3

気になる子どもやその保護者と付き合う

ここまでは、話を聞く子どもを育てる方法、また、そのための話し方のコツについて、述べてきました。言い換えれば、子どもと教師との関係づくりです。それは、学級づくりの基本とも言えるでしょう。

しかし、教師が忘れてならないのは、保護者の存在です。特に、少し気になる子ども（問題行動の多い子）の場合は、その保護者との関係をどう築くかということが重要になってきます。この点で頭を悩ませている先生も多いのではないでしょうか。

本章では、気になる子どもとその保護者との付き合い方について、私の実践してきた方法を紹介します。

1 現代の教師に求められる能力

「昔の方が、1クラスあたりで教師が管理する子どもの数は少なかった」

と若い先生方に話すと、驚かれます。

「えっ！　反対じゃないですか？　戦後すぐなんかは、1クラス50人という話を聞いたことがあるし、その後だって、40人、35人と減っていって、今では自治体によっては、25人というところがありますよ。今の方が1クラスの人数は少ないんじゃないですか？」

確かに、担任する児童の数は減っています。ところが、管理しなければならない児童の数は増えているのです。一体どういうことでしょうか？

昔と言っても、まだ私が子どもの頃は、親に「学校で先生に叱られた」とは、絶対に言いませんでした。いや、決して言えませんでした。そんなことを親に言ったら、「学校で何をしたのか？」と、また家で叱られます。昔の親は教師を強く信頼していたので、「先生に叱られたというのは、お前が悪いことをしたからだ。叱られることをした方が悪い」と、きつく言われたものです。

つまり、たとえ教師は1クラスで50人担任していても、その子どもたちのバックに50人の保護者が付いていたわけです。50人の子どもたちですが、見守っている大人は50（親）＋1（教師）です。ちょっと極端ではありますが、ここまで言うとピンとくるのではないでしょうか。今は、たとえ1クラスが30人としても、教師と共に子どもたちを見守ってくれる保護者はそのうち何人いるでしょうか。昨今、子どもと一緒に教師に理不尽なクレームや要求をつきつけてくるような保護者も少なくありません。誤解を恐れず言えば、味方どころか敵になる親もいるのです。

もし、30人学級のうちで10人の親が、教師と共に子どものバックに付いてくれたとしても、残り20人の子どもたちは教師が管理しなければなりません。私が初めに、「昔の方が、1クラスあたりで教師が管理する子どもの数は少なかった」と言った意味が分かってもらえたでしょうか。いかにたくさんの保護者を味方に付けるかは、クラス経営上での大きなポイントになるのです。

教師には、様々な能力が求められます。その中でも、授業力と保護者対応能力、この2つは重要な能力です。この両方が高い教師は、管理職にとっても、最も信頼できる教師と言えます。その一方で、両方が低い教師は、不安な教師となってしまうのです。

では、管理職にとって信頼できる教師は、次のどちらでしょうか。授業力は高いが保護者対応能力が少し低い教師と、授業力は少し低いが保護者対応能力が高い教師。もうお分かりでしょう。管理職にとっては、授業力はやや低くても、保護者対応能力が高い教師の方が、安心できる教師と言えるのです。

もちろん、日々授業力を養うよう努めることは大切です。子どもたちにとって、より良い授業をする教師が望ましいことは間違いありません。しかしながら、保護者の信頼を勝ち取るという点では、学校参観の時しか見ない授業力よりも、家庭訪問や個別懇談会、あるいは日頃のやりとりにおける対応能力がより強く求められることは事実です。担任がぶっきらぼうな態度をとったり、不信感を抱かせるような言動をとったりすれば、せっかく良い授業を行っていても、その評価は半減してしまいます。そういう意味でも、現代の教師は高い保護者対応能力を要求されるのです。

② 初めて親に連絡するのは、良いことから

新しく担任するクラスの名簿を見た時、気になる児童の一人や二人はいるものです。そういう子どもというのは、放送で名前を呼び出されたり、職員室や廊下で担任に叱られていたりするので、校内では有名人です。名簿にその子の名前を見つけると、正直「あ、うちのクラスか……」と思ったり、「さあ、どうしていこうか」と考えたりするのは、教師の正直な気持ちです。

私は、気になる子を担任した時、授業中、休み時間を問わず、しばらくじっとその子を観察します。そして、どんなことでもいいので、その子が良いことをした時、例えば「落ちていたごみを拾った」「一生懸命掃除していた」（あまりないことですが…）、「係決めの際、取り合いになった仕事を他の子に譲った」というような時には、こう言います。

「君はいいところがあるなぁ」

「今日帰ったら、必ずうちの人に、先生に褒めてもらったことを言うんだよ」

そして、その夜、保護者に電話をします。

「今日、○○君は学校でこんないいことをしました。ちょっとうれしくて、思わず電話をしてしまいました。えっ！　まだ言っていないのですか？　今日、うちに帰ったら話をするように言ったのですけど……」。すると、ほとんどの保護者は、

「え～！　本当ですか？　うちの子が、そんないいことをしたのですか？」と、半信半疑ながらも、うれしそうに答えてくれます。その後、その子の普段の様子など、とりとめのないことを少し話して電話を切ります。

これには、どんな効果があるのでしょうか。いわゆる問題行動の多い子の保護者のほとんどは、「学校からの電話」というと身構えます。今まで「お宅の子が、○○さんに怪我をさせた」とか、「暴れていて、学校のガラスを割った」とか、「学校からの電話」というと、ろくなことではありませんでした。こういう保護者の頭の中には、「先生からの電話は悪い電話」「また謝らなくてはならない」という構図ができています。そこで、最初に良い話をしておいて、「学校からの電話＝悪い電話」「担任からの話＝子どもの悪口」とい

う既成概念を砕くのです。

もちろんこんなことで、その子の行動自体が変わるわけではありません。いつかは「○○君が、誰それを殴ってしまいました」という連絡をしなければならないかもしれません。しかし、考えてみてください。いきなり、保護者に悪い報告をするのと、初めに良い話をして関係を作ってから、いつかは悪い話をするのと、どちらが良いでしょうか。

それに、初めに良い話をしておく効果は、もう1つあります。「今までの担任の一番初めの連絡は、悪いことだった。しかし、今度の担任は、うちの子のいいところを見つけてくれた。そういう目で見てくれている」という思いをもたせることができるのです。教師の方も、その子の良いところを見つけようと観察しているうちに、それまで聞いていたことと違う意外な一面を見つけることができます。自分自身の既成概念を崩すという意味でも、大変大きな効果があるのです。

せ、先生
どうしたんですか
実は、
今日学校で…
え!? 本当に!?
あの子が…
○○くんが
とてもいいことを
したんです。
ろうかで…
まあ、
そうなんですか
あの子ったら…
へーそうですか!
落ちていた
ゴミを拾って
ゴミ箱に
捨てたんです
先生は
ちゃんとあの子の
こと見てくれる
信頼できる
先生だわ

3 逆転の構図を作る

これは、私が若い時に所属していた教育サークルで教えてもらったことです。問題行動の多い子どもが良いことをしたら、どの教師も褒めるでしょう。しかし、この「逆転の構図」は、褒めるタイミング、規模が違います。その子を思いっきり褒めるのです。しかも、その子だけが褒められる行為をした時という条件付きです。多くの子どもが良いことをして、その中の1人というのではいけません。

私は「逆転の構図」と友人から教えてもらったのですが、一般的には逆転現象として知られています。力量のある先生方は逆転現象を授業の中でも行います。それに対して私は生活全般の中で、逆転できる場面を見つけるのです。力量のない当時の私にとっては、その方がやりやすかったのです。

初めてこの方法を知った時は半信半疑でしたが、実際に試してみると、驚くほど効果がありました。それ以来、問題行動の多い子どもを担任すると、必ず実行していました。印象に残っている3人の子どもたちを紹介します。

例1　A君

A君は乱暴者で、前の学年の担任はほとほと困っていました。4月になり、4年生の私のクラスに入ることが分かりました。まず、先ほど述べたように、良い行動を発見して、保護者と話をしました。その後は、案の定、悪い報告もしなければなりませんでしたが、保護者の方も1年生の頃から慣れている（？）のか、連絡をする度に「先生、よろしくお願いします」と言ってくださいました。

そんなある日、Bさんが廊下で机を運んでいました。女の子のBさんには少し力のいる作業です。そこに4年生の男の子がたくさん通りかかったのですが、みんな知らんぷりで通り過ぎていきます。しかし、どういうわけかA君だけが「手伝ってやる！」と一緒に机を持って運んでいたのです。私は、その様子をちょうど発見した時、「しめた！」と思いました。

その日の帰りの会で、私はこう話しました。

「今日、感心したことがありました。Bさんが重そうに机を一人で運んでいたら、通りかかったA君が、手伝ってあげると言って、一緒に運んでくれたのです。その時にたくさんの4年生がBさんの横を通りかかったのに、誰も手伝ってあげませんでした。A君だけですよ。手伝ったのは」と最後はちょっと強い口調で言いました。みんなはしんとしています。A君は、何とも言えない顔をしていました。

そして、夏休みを迎えました。その頃勤務していた学校では、夏休みに保護者との懇談会がありました。

その日は、A君のお母さんが来る日でした。お母さんは、開口一番にこう言いました。

「先生、うちの子が褒められたそうですね」

時間も経っていたので、初めは何のことか分かりませんでした。いつのことだろうかと記憶を辿っていたら、続けてこう言いました。

「あの日、Aが変な顔をして黙って帰ってきたので、『体の具合でも悪いの？』と聞いたら、『今日、僕、先生にみんなの前で褒められたんだ！』と言うのです。あの子、みんなの前で叱られることはあっても、褒められることなんてなかったから、どんな顔したらいいか分からなかったみたいです」と笑いました。お母さんは、とても喜んでいるようでした。ただしその後、残念ながら、叱ったこと、注意したこともお話ししなければなりませんでしたが。

例2　C君

C君は、私が今まで担任した中では、一番の強者です。1年生の時から乱暴者として有名で、腹が立つと男女関係なく殴りかかります。3年生の時には、暴れているC君を担任の女の先生が押さえ付けたら、手を蹴られて指の骨を折ってしまったという事件もありました。また、勉強も苦手で、宿題はほとんどやってこなかったり、テストでもあまりいい点を取れなかったりするような子どもでした。

4年生になったC君を、私が担任することになりました。幸い、その前にC君の姉を担任したことがあるので、保護者とは懇意です。しかも、「今度の先生は恐いよ！　今までの調子でいたら、大変な目にあうよ」と、さんざん脅かして（？）くれていたようで、予想していたよりは静かでした。しかし、問題は色々と起こしてくれます。そんな中で、良いことは褒め、悪いことはきちんと叱りながら、4月からずっと、C君だけを褒める逆転の構図のチャンスをうかがっていました。

ある日のことです。朝の会で、私が連絡事項を伝えました。

「児童会の掲示委員さんから、連絡がありました。階段の踊り場に掲示板があるのですが、触っていく子がいるのか、よく破れるそうです。触らないようにしてください」

その時、ふと「踊り場って、分かるかな?」と疑問が湧きました。そこで、

「踊り場って分かる人、手を挙げてごらん」

と言ったら、なんと、手を挙げたのがC君だけだったのです。そこで、C君を指名したら

「踊り場って、階段の途中にある平たいとこでしょ。階段じゃないところ」と見事に答えました。このチャンスを逃すわけがありません。

「C! 正解! よく知っていたな。クラスの中で知っていたのは君だけだ。すごいなー」と褒めちぎりました。どんな顔をしたらよいか迷っていた先ほどのA君と違って、C君は立ち上がってうれしそうに自分を指さし、「オレ!オレ!」と言わんばかりです。普段、悪いことをして叱られることの多いC君ですから、みんなの前で1人だけ褒められたのが、とてもうれしかったのでしょう。

残念ながら、みんなの前で褒めたからといって、C君の行動がすぐに変わるわけではありません。しかし、この日以降、叱られる時の表情が変わった気がしました。素直な顔で、叱られていた気がします。

小学校を卒業した後も問題行動を続けたC君ですが、私のことを「小学校で一番好きな先生」と言ってくれていたそうです。

この2人だけでなく、3、4年生で逆転の構図を用いた子どもたちは、少しずつ変わっていきます。劇的な変化があるわけではありませんが、少しずつ、それまでどちらかというと荒れていた子どもたちが落ち着いていくのを感じました。まだまだ叱られることは多いものの、表情が素直になり、私の意見が子どもたちの心に届いているような気がするのです。彼らに直接聞いたわけではありませんが、「この先生は、悪いことをしたら叱るけど、いいところもきちんと見てくれている」と思っていたのではないでしょうか。悪いことをしたら叱られるのは当たり前です。良いことをした時には褒め、悪いことをした時には叱るという基本的な態度は絶対に変えません。ひいきをしない、色眼鏡で見ない教師として、信用してくれていたのだろうと思います。

ところが、5、6年生を相手にすると、この逆転の構図がうまく機能しなくなることに気が付きました。どうも高学年になると、その子どもなりに「ちょっと教師に逆らうヤツ」とか「悪いことをするヤツ」というスタイルができてしまっているのか、自分で作ったそのスタイルを崩すことがなかなか難しいようです。

例3　D君

D君は、そんな子どもの1人です。異動したばかりの学校で6年生を担任し、学年自体も非常に苦労したのですが、その中でも特に気になる1人でした。中学生ともつながりがあり、タバコも吸っているという噂もありました。何度か逆転の構図を使ってみたのですが、彼の行動が変わることはありませんでした。小学校は何とか卒業していきましたが、中学校に入ってからは問題行動が増え、不登校、夜間徘徊、という状態になっていました。ある朝、授業のない空き時間に職員室にいると、誰かがトントンとガラス窓をたたきます。D君でした。

窓を開けると、「先生、昨夜から何も食べていない。腹減って……」と言うのです。どうやら親と喧嘩して家を飛び出し、友達の家に行ったり、繁華街を一晩中徘徊したりして、家には帰っていないと言いました。私は彼に500円を渡して、何か買って食べるように言いました。パンと牛乳を買ってきて窓の下で食べるD君と、窓越しに色々話をしていましたが、チャイムが鳴ったので次の授業に行かなければなりません。その時は、そこで話を終えました。

それから、朝、職員室の窓をたたき、窓の下で朝ごはんを食べながら話をしたり、放課後やってきて色々と話を聞いたりする機会が続きました。深夜徘徊など、そんな行動を繰り返しているのは彼なりに理由があるのですが、だからといって、良い行動ではありません。しかし、卒業してからでも、困った時に私を頼ってくれたことはうれしく思いました。彼が小学生の時に、私がとった行為は無駄ではなかったと思っています。

④ 子ども自身が親に報告

子どもが問題行動を起こした時、例えば他の子どもを傷付けた時などには、保護者に連絡を取らなければなりません。教師にとって、それは憂鬱な瞬間でしょう。報告の仕方によっては、さらなるトラブルを招きかねません。しかしながら、このような場面でもスムーズに話を進めるコツというものがあります。

私は、まず、その子自身の口から、親に報告させるようにしています。

例えばA君がB君を殴って、怪我をさせたとします。私はA君を叱責してこう言います。「君のとった行為は当然許されものではないし、おうちの人にも連絡すべきことだ。今日、家に帰ったら、君のしたことをおうちの人に言いなさい。先生はその後、夜8時には電話する。先生が電話するまでに何も言わないと、かえって叱られるよ!」

自分から正直に言った方が叱られることが少ないということも伝えます。そして、その夜8時に約束通り電話を入れます。すると、保護者の対応は、2通りに分かれます。

「先生、申し訳ありません。うちの子が、何だか、大変なことをしたようで……」

このパターンは解決が早いです。しかも、このような家は8時まで待たなくても、子どもが家に着いてしばらくした頃に、保護者の方から電話がかかってきます。問題は次のような家です。

電話をすると、保護者が出て、こう言います。

「先生、何でしょう?」

「○○さんから聞いていませんか?」

「うちの子は何も言いませんが……」

子どもが家に帰っても何も言っていないのです。この場合、次にこう言います。

「おかしいですね。何も聞いていませんか? 今日、帰ったら家の人に報告するように言ったのですが。一度○○さんに聞いてみてください」

一旦電話を切り、しばらくしてから、また電話をします。すると、ここでも2通りに分かれます。

「今、聞きました。申し訳ありません。きつく叱ったところです」

「何かよく分からないけど、ぐちゃぐちゃ言っています」

後者の場合は仕方がないので、その日に学校であったことを教師から説明します。

子どもに問題行動があった時、ほとんどの教師は直接保護者に説明します。

私がなぜ、わざわざこんな方法をとるかというと、保護者は、自分の子どもから直接聞くことによって、「自分の子どもが悪い」という覚悟ができるからです。ところが、状況を分かっていない保護者に直接説明しても、保護者の頭の中には「本当にうちの子が悪いのか」とか「先生の言っていることは正しいのか」という疑念が湧きます。その後、ほとんどの親は子どもを呼びつけて真偽を正しますが、子どもによっては、親の迫力にたじろいで、「いや、僕だけじゃない」とか「○○がやれと言ったから」、あるいは「そんなことしていない」と全面否定にかかる子どももいます。親は自分の子どもがかわいいですから、「先生の情報には間違いがある」とか「悪いのはうちの子じゃない」と、子どもの擁護に回ります。中には教師に電話をかけて「先生、うちの子はしていないと言っているのですけど」と、まるで被疑者扱いされたことに不満を言ってくる保護者もいます。

こうなってくると、解決に時間がかかってしまうのです。関係者を集めて、事情（行為、発言）を時系列で確認し、誰が悪いか（責任分担）を明確にしなければなりません。それを避けるために、私は子ども自身が直接親に報告させるようにしているのです。

先生！
うちの子はやってません！
先生！
うちの子が被害者です！

5 今すぐ家庭訪問

もう1つ、問題を早く解決するためのコツがあります。それは、「今すぐ家庭訪問」という方法です。

例えば、Bさんの家にCさんの親から電話があったとします。CさんがBさんからひどい意地悪をされた、という苦情です。Bさんの親は、突然の電話とCさんの親の剣幕に驚き、一旦は謝ります。ところが、Bさんから話を聞くと、「Cさんから意地悪をされたからやり返しただけだ」「そこだけを見ていた先生に叱られた」と言うのです。子どもは親が怖いですから、自分の都合の悪い話はしません。

そんな時は、自分の子どものことを棚に上げ、教師に不満を向けてくるものです。保護者同士は今後も顔を合わせる機会が多いので、面と向かって文句は言いにくいでしょう。保護者の不満は、言いやすい教師に向けられます。

私は、保護者から電話がかかってきた時、「どうも、私が聞いていたことと違う」「自分の都合の悪いことは話していないな」と判断したら、「お母さん、電話で言っていても何ですから、今から行きます」と言って、すぐに家庭訪問をします。そこで、じっくりと話を聞くのです。すぐに家庭訪問をする利点は、たくさんあります。

・保護者は、電話では教師に言えることでも、面と向かうと言いにくくなり、トーンダウンする。

・電話口で子どもに確認すると、横にいる親を気にしてはっきりと答えないが、面と向かって「今日、先生が聞いていた話と違うな」と言うと、正直に答える。

・次の日に延ばすと、子どもの記憶が曖昧になり、事実関係が不明確になる。
・お母さんだけでなく、お父さんも一緒だと、わりと冷静な判断をしてもらえる。
・訪問されるのを嫌がる家は、教師にすぐ来られると困るので、少しのことでは電話してこなくなる。

しかし、いいことばかりではありません。いつ電話がかかってくるか分からないし、かかってきたらすぐに出かけなければなりません。したがって、夕飯に晩酌は付けられません。私のように地方に住んでいると、移動に車は欠かせないので、出かける可能性があるうちはお酒が飲めないのです。40代半ばからは、問題行動の多い子どもたちのいるクラスを担任することが多かったので、晩酌はおあずけという日々を過ごしていました。暑くてビールを飲みたくても、夜10時を過ぎて、「そろそろ、いいかな。もう電話もかかってこないだろう」と判断した頃に、ようやく飲み始めます。

今は、管理職になったので、直接保護者から電話がくるということは、ほとんどありません。ＰＴＡの会合か何かで、「管理職になって、一番良いことは何ですか?」と聞かれた時に、「夕食の時にお酒を飲めることかな」と言っても、すぐには分かってもらえませんでした。そして、よく家庭訪問をしていた頃の話をしたら、「先生も大変だなぁ」と驚かれてしまいました。

6 ハロー効果に注意

ハロー効果とは、毎朝、会った子どもたちに、教師の方からにこやかに「ハロー、おはよう、おはよう」と声をかけて、一日機嫌良く、元気良く過ごせるように振る舞うこと……ではありません。

ハローとは、後光のことであり、『発達心理学ハンドブック』*には、次のように書かれています。

「ハロー効果：評定対象が評定者にとって、何らかの好ましい特徴をもっている場合には、評定項目のほぼ全体にわたって実際より高いか、もしくは低い評定を行う傾向がある」

教師が子どもと接する時は、このハロー効果に注意しなければなりません。成績の良いおとなしい子に対しては、すべてにおいて評価が甘くなりがちで、問題行動の多い子に対しては、同じことをしても厳しくなりがちです。

例を挙げましょう。

3年生のAさんは、おとなしく成績の良い女子です。全てにおいてきちんとしていて、宿題などの提出物を忘れたことはありません。人の悪口を言ったり、人に迷惑をかけたりすることもありません。今までの担任はみな口を揃えて、とても良い子だと言います。

1学期の終わりに、成績を付けようと資料を整理していた時、私はあることに気が付きました。

通信簿には、「授業中、よく発表する」という項目がありました。この項目を付けるために、子どもたちの手を挙げた回数を記録していたのです。当然、毎日記録することはできないので、一週間とか期間を決めて記録していました。すると、Aさんはほとんど手を挙げていないのです。その記録の回数から判断すると、評価は「がんばろう」ですが、その他の成績は、ほとんど「よくできる」です。正直言って、ここに1つだけ「がんばろう」を付けるのは、教師として勇気がいります。たぶん、あの子だったら、今までに一度も通信簿で「がんばろう」をもらったことはないはずです。初めての「がんばろう」を付けるのは、かわいそうかな、逆効果かな、とかなり悩みました。しかし、事実ですので、「がんばろう」の評価を付けました。

その学校では、夏休み前に、全員の保護者を対象に懇談会を行っていました。私は、Aさんのお母さんに記録簿を見せて、発表の項目には「がんばろう」の評価を付けたことを告げました。

そして、夏休みが終わり、2学期が始まり、その2学期も終わりに近付いた頃です。冬休み前には、希望の保護者だけを対象に、懇談を行っていました。Aさんのお母さんは教育に熱心ですから、懇談を希望していました。当日、2学期の学習の様子を一通り説明した後、お母さんが切り出しました。

「先生、あの子は2学期は手を挙げていましたか?」

そう聞かれて、慌てて記録を見ると、「よくできる」まではいきませんが、「がんばろう」というほどではありません。2学期は「ふつう」であると告げた後、お母さんが次のように続けました。

「1学期の終わりに、通信簿の『授業中、よく発表する』が『がんばろう』だったのがショックで、2学期には本人はかなり努力していたみたいです」

それを聞いて「しまった！」と思いました。

「Aさんには、ちょっとかわいそうだったかもしれません」とお母さんに言いました。

しかし、お母さんはこう言ったのです。

「いえ、先生、あの子には良かったのですよ。私が授業参観に来た時も、手を挙げているのを見たことはありません。たぶん、おとなしくて、先生方に迷惑をかける子どもじゃないから、今までは大目に見てくれていたのではないかなと思います。でも、先生に初めて『がんばろう』を付けてもらって、本人はショックみたいでしたけど、私は『手を挙げてないなら、当たり前！』と言いました。2学期は本人なりに努力したみたいです」

これを聞いて、授業中のAさんの姿を思い出すと、思い当たる節があります。しっかりと肘を伸ばして手を挙げるのではなく、恥ずかしそうに、ちょっと手を挙げるという感じでした。肘を曲げて、手のひらがやっと顔と同じ高さくらいです。

「そういえば、こんな感じで手を挙げていました……」

と言って、様子をまねすると、お母さんは大笑いして、

「そうでしょうね。あの子に聞いたら『一生懸命挙げている』と言っていたけど、そうでしょうね」

と、妙に納得していました。

私は、Aさんがそんなに頑張っているのに全然気付いていなかったのです。Aさんに「がんばろう」を付けておきながら、その努力に気付かなかった自分をとても恥ずかしく思いました。

冬休みが明けて、3学期。Aさんを見ると、確かに手を挙げようと努力しています。しっかりとではありません。やはり肘が曲がっていました。


次は、反対の例を挙げます。

B君は、私のクラスではなく、隣のクラスの子どもでした。やんちゃな子で、よく担任の教師に叱られている姿を見かけました。ある日、詳しい状況は忘れましたが、B君がとても良いことをしたので、私はB君を褒めました。うれしかったので、B君の担任の教師にも報告をしました。

「先生、今、B君がとても良いことをしていたので、褒めました。先生も教室で褒めてやってください」。すると、担任の教師はこう言ったのです。

「いやぁ、あいつは普段から悪いことをしているから、そんな1回や2回いいことをしたからといって、褒めたら図に乗りますよ」

それを聞いて、B君がとてもかわいそうになりました。

私は、前の時間にどれだけ悪いことをしても、その時に良いことをしたら必ず褒めます。また、おとなしく成績の良い子どもでも、いけないことをしたらしっかりと注意します（ただ、おとなしい子どもにきつく叱る必要はないですが）。ハロー効果に惑わされず、その瞬間の子どもの行動や態度を、正当に評価すべきだと思うのです。

さらに注意しなければならないことは、教師というのは、どうしても目立つ子を中心に注意してしまうことです。問題行動が多くて、いつも教師から注意されているA君が、授業中に隣の子どもと話をしていたとします。すると、教師は、

「こら！　A、また話をして、授業を聞いていないな」と叱ります。

教師としては、話しかけているのはA君だし、隣の子が嫌々話に付き合っているのは分

かっているので、A君の方が悪いと判断します。しかし、A君としては、隣の子も話していたのに、自分だけ注意されたことに不満をもちます。「話をしていた」という事実においては、自分も隣の子も同罪なのです。自分だけ注意されることに、納得がいきません。

教師のこういう態度は、よく見かけます。「二人で話をしているが、○○が話しかけたのに違いない」という先入観で注意するのです。客観的に見れば、教師のとった行動は間違っていないかもしれませんが、A君の心には不満が残ります。このような不満が積もり積もると、教師への不信感にもつながりかねません。

では、どうすればよいのでしょうか。私は、このような場合、話をしている子どもたち全員を注意します。中心的存在の子どもだけを注意するようなことは決してしません。さらに、注意の仕方も工夫します。例えばA、B、Cの3人が集会中に無駄話をしていたとします。この中で、Aはいつも注意を受ける子どもです。普段は「こら、A、B、C！」と注意しますが、時々は、「こら、B、C、A！」とか、「こら、C、A、B！」と注意することもあります。要するに、「いつも俺ばっか！」と思わせないことが大切なのです。

＊東　洋他『発達心理学ハンドブック』（第3版）、P.1228、福村出版、1994.

CHAPTER 4

宿題・掃除がきちんとできる子どもを育てる

前章では、気になる子どもと向き合う方法を紹介しましたが、そのような子どもは特に、宿題や掃除をさぼったり、授業の開始に遅れたりしがちです。

どうすれば、子どもたちがきちんと宿題や掃除に取り組み、時間を守って行動できるようになるのでしょうか。

本章では、日常のルールをきちんと守れる子どもを育てるために、効果的な方法を紹介します。

1 宿題をきちんとできる子どもを育てる

教師にとって悩みの種の一つが「宿題忘れ」であることは、間違いないでしょう。私の方法でも完全に0にできるとは言えませんが、かなり減ることは事実です。

私は、新しいクラスを担任した時に、まずこう宣言します。

「宿題は、学校に持ってきて、先生に提出して初めて『宿題をした、できた』とします。だから、『宿題やったけど家に忘れてきた』は、宿題をしたとは言いません。『宿題忘れ』になります」

こう言っておかないと、「宿題をしたけど家に忘れてきた」という言い訳ばかりが出てくるようになるからです。宿題プリントなどは予備を用意しておいて、子どもが次の日に「先生、やったけど忘れてきた」と言ったら、「はい！　そんなこともあるかと、余分に印刷してある」と言って、すぐに渡します。子どもは「えー！」と言いながら、仕方なさそうにプリントをやります。


また、宿題を忘れたら、必ずその日のうちにさせるようにします。朝一番に宿題の点検をして、忘れた子どもがいたら、黒板の端に小さく名前を書いておきます。教師も子どもも忘れないようにするためです。そして、子どもにはこう言います。

「必ず今日、帰るまでに終わらせるんだよ。君たちは他の子が宿題をしていた時に、勉強しなかったのだから、その分、休み時間を削ってでも今日中にすること！」

このように念を押したとしても、宿題を忘れてくるような子どもは大概がのん気なので、休み時間は宿題をせずに遊んでいます。1時間目が終わり、2時間目が終わり、やる気配がないなと思ったら、休み時間にこう言います。

「一向に宿題をする気配がないけど、いいのかな。宿題をしないと帰れないよ。先生は、これだけ注意したのだから、帰る時になって、宿題をする時間がなかったなんて言えないよ！」

ちょっときつく言うと、「先生は本気だ、宿題をしないと帰れない」と思った子どもは、休み時間に宿題を済ませ、黒板の端に書いておいた名前を消します。それでも、まだ全然気にしない子もいます。そういう子は、放課後になると何事もなかったかのように帰ろうとするので、すかさず引き留めて、逃がさないようにします。そして、そうなって初めて泣きながら残って宿題をするのです。

「宿題を忘れたら、その日に提出しないと帰れない」という覚悟をもたせることが大切です。

私が以前担任したクラスで、4月当初あまりにも宿題忘れが多いので、驚いたことがあります。毎日、クラスの半数近くが宿題をしてこないのです。そこで、子どもたちに去年の先生はどうだったのか聞きました。

すると、「去年は、宿題を忘れたら、『そう、明日は忘れたらだめだよ』と言われただけだった」と答えたので、さらに驚きました。それでは、子どもたちが宿題をしなくても無理はありません。

その後は、宿題を忘れたらその日にさせるという方法を徹底していったので、みるみる宿題忘れは減っていきました。しかし、次のようなこともありました。

ある日、宿題をやったけど持ってくるのを忘れたという子どもがいました。普段はほとんど宿題忘れのない子です。

「先生はいつも言っているだろう？　学校まで持ってきて初めて『宿題をした』と言える。だからもう一回、このプリントをすること」と言って手渡しました。すると、「僕は昨日したのに！　本当にしたのに！」と怒っています。「僕は昨日したのに、なんでまたしないといけないの！」と、あまりにしつこく怒っているので、私は「本当に宿題したんだな？　よし、今日の帰りに、先生も一緒に家に行って確かめるよ！」と言ったら、「いいよ、本当にしたんだから！」と言うのです。私とその子のやりとりを、他の子どもたちも見ていました。

放課後、一緒にその子の家まで行きました。玄関先まで来ると、勢いよく家に入っていって、すぐに宿題プリントを持って出てきたのです。そして、「ほらっ！」と得意げに、プリントを私に手渡しました。

翌朝、教室に行くと、子どもたちが一斉に尋ねてきました。「先生、昨日、○○についてて家まで行ったの？」「行ったよ。絶対してあるというから、家までついていったら、ちゃんとしてあった。○○はいつも宿題をしてあるから、今回は特別に信じたけど、これは例外。同じ手はもう使えないよ。これからは持ってこなかったら、宿題忘れになるからね」。

原則ルールを徹底するなら、この子が何と言おうとプリントを手渡して宿題をやり直させるのですが、この場合、次のことを考えて原則を曲げました。
1．いつもはきちんと宿題をやってきている子どもであった。
2．泣いて怒って、納得しない様子がいつもとは違った。
3．この子にとっては、今回確認して主張を認めてやった方が、次に生かせる。
何事も原則は原則ですが、臨機応変に対処することも必要です。

② 掃除をきちんとできる子どもを育てる

「子どもが掃除をさぼらないようにするためには、どうすればよいか」というのは、明治時代に学制が敷かれて以来の課題といっても過言ではないでしょう。掃除をさぼる子どもを完全になくすことはできませんが、私の方法だと、確実に減らすことができます。

私も長い間教師をしてきたので、「さぼっている子どもを叱る」「一緒に掃除をする」「掃除点検カードを作る」など、色々なことをしてきました。その中で発見した効果的な方法をいくつか紹介します。

(1) 不合格なら、放課後やり直し

ある日、こんなことがありました。

転任してきたばかりの学校で5年生を担任した時のことです。4年生の時の担任の指導が、かなり甘かったとは聞いていましたが、本当にあらゆることがきちんとできない子ど

もたちでした。

掃除の時に、隣とうちの教室の境で、数名の子どもたちが何か言い争っています。間に入って見てみると、そこには給食で出た魚の干物のかけらが落ちています。子どもたちに話を聞くと、うちのクラスの子どもがその干物のかけらをほうきで掃いて、隣のクラスに入れたのだそうです。それを見た隣のクラスの子どもが、今度はそれをうちのクラスに向かってほうきで掃き返し、そこから、その干物はアイスホッケーのパットのごとく、うちのクラスと隣のクラスで行ったり来たりしていたというのです。子どもたちが面白がってやっていたのは間違いありません。

普段から掃除がきちんとできなくて苦々しく思っていた私は、当時は若かったこともあり、烈火のごとく怒りました。そして、その日の帰りに子どもたちに言いました。

「明日から、掃除が済んでもその場所から教室には帰ってこないこと。掃除が済んだら班長は先生を呼びにくること。先生はすぐに行って、その場所をチェックします。見る観点は3つ。1つ、ゴミが落ちていないか。2つ、机などが整頓されているか。3つ、掃除道具箱の中はきちんと整頓されているか。1つでも合格しなければ、放課後やり直しです。先生を呼びに来ないで、合格をもらわずに帰ってきた場合もやり直しです」

次の日から、掃除の時間の終了5分前くらいになると、「先生、トイレの掃除終わりました、見に来てください」「先生、体育館の掃除が終わりました。見に来てください」「先生、音楽室の掃除が終わりました。見に来てください」と次々に呼ばれ、わずかな時間に1階から4階まで学校中を走り回りました。「よし、合格!」「掃除道具箱がぐちゃぐちゃ。やり直し!」「連絡に来ないので、やり直し!」中には、見に行くと、このままではやり直しだからきちんとしようという子どもと、それでもやりたくない子どもが喧嘩をしていたなんてこともありました。

放課後のやり直しは、子どもたちだけではなく、私も一緒に掃除をして、やり方を教えました。そうして1か月くらい経った頃に、やっとまともに掃除ができるようになってきたので、毎日ではなく金曜日だけ見に行くことにしました。

今から考えたら、わずかな時間によく学校中を見回ったものです。若かったからできたのでしょう。

(2) ドッキリ! 抜き打ち検査

また、こんな方法をとったこともあります。

その学校は、体育館が運動場を挟んで、校舎の反対側にあります。校舎から体育館まで移動するのに、運動場の端にある長い渡り廊下を通らなければなりません。その体育館は、いつ見に行っても子どもたちがきちんとモップを持って掃除をしています。しかし、何かおかしいのです。その掃除をしている様子が、わざとらしいというか、不自然というか、何か違和感があるのです。

ある日、掃除の様子を見に行こうと校舎から渡り廊下に出たとたん、体育館の出入り口で何かが動きました。子どもの影です。「はは〜ん！」その瞬間、全て納得できました。体育館の出入り口で、私が来るかどうか見張りを立てながら、遊んでいるに違いありません。その時も長い渡り廊下を通って体育館に入りましたが、子どもたちはモップを持ってきちんと掃除をしています。よくよく見ると、隠し事のあるような顔をしています。私は、何か子どもたちをぎゃふんと言わせる方法はないものかと思案しました。

翌日の昼休みの終わり頃、掃除の始まる前にこっそり体育館に行きました。どこかに隠れて、掃除の様子を見てやろうと思ったからです。ふと跳び箱が目に入りました。その瞬間、いたずら心が働いたのです。「そうだ、この中に入ってやろう」

跳び箱の1の段の端を持ち上げて斜めにし、そこにできた隙間から体を入れました。しかし、私は身長が180㎝近くあるので、かなり体を曲げないと入れません。狭いし、苦しいし、跳び箱に入ったことを後悔しました。

跳び箱の隙間から外の様子を見ていると、子どもたちがやってきました。そのうちの一人が出入り口に立ちました。この子が見張りのようです。しかし、順番でやっている様子もないし、誰かに強制されているわけでもなさそうです。自主的に見張りの役を買って出ているのでしょうか。案の定、掃除を始める気配はありません。置いてあったセーフティマットの上で飛び跳ねて遊んでいる子ども、バスケットボールを持ってドリブルしている子どもなど。掃除をしている子どもは1人もいません。しばらく隙間から見ていましたが、跳び箱の中は暑さが増して、背中や腰も痛くなってきます。掃除をしていない子どもたちを見て腹も立ってきたので、ついに跳び箱から飛び出しました。

「バタン！」跳び箱の1の段が落ちる音とともに、「こら〜！」と立ち上がります。まるで壺から飛び出したハクション大魔王です。子どもたちは、びっくり仰天しました。漫画ならさしずめ、その場から30㎝くらい飛び上がっていたことでしょう。「叱られる！」と思ったのか、一斉に体育館のステージ横のモップが置いてある物置めがけて駆け出しました。ところが、ボールで遊んでいた子は、まずボールを片付けなくてはなりません。慌てたのか、ボールをつかもうとする手が空を切って、なかなかつかめません。やっとのことで追い付いてボールをつかんだその時、こちらをチラッと見ました。私は腕組みをして、怖い顔をしています。バツが悪そうに、モップを取りに行き、みんなから遅れて、掃除に取りかかりました。全員おかしいくらい何も言わずに黙って掃除をしています。いつ叱られるか、いつ叱られるかと覚悟を決めて待っている様子でした。しばらく掃除の様子を見た後、「ちゃんと掃除をするんだぞ！」と言って、体育館を出ました。

5時間目のはじめ、教室に入ろうとしたら、子どもたちが数人、席に着かずに教室の真ん中に集まっています。第2章で述べたように、授業が始まる時には、教科書・ノートは今日学習するところを開いていなければなりません。こんなふうに子どもたちが立っているのは珍しいことです。

「これこれ、早く席に着きなさい」

と言うと、その中の一人が

「先生、跳び箱の中に入って隠れてたの？」

と聞きました。どうやら、先ほどのことについて、話していたようです。

「そうだよ。体育館は、いつ見に行ってもきちんと掃除をしていたけど、前々から何かおかしいと思っていたんだ。それで、今日こそ見つけてやろうと思って、跳び箱の中に入って隠れて見ていたんだよ。そしたら、掃除するどころか、セーフティマットで飛び跳ねてるし、ボールで遊んでるし、ぜ～んぜん掃除なんかしていない。それで、こら～と怒ったんだ！」

「先生、よくあの中に入れたねぇ」

「そうさ、苦労したんだよ」と、どうやって入ったのか、身振り手振りで説明しました。子どもたちは笑って聞いています。そして、こら～と怒られた時の子どもたちの様子を話すと、教室は大爆笑に包まれました。当の体育館掃除の本人たちもバツが悪そうに笑っています。その後、

「今日は、○班が見つかって怒られたけど、他の班も遊んでるんじゃないのか？」

と言ったら、ある子が、

「いや、僕たちはきちんとしているよ」

とうそぶいていました。

次の日、今日は見に行かなくても、体育館の掃除はきちんとするだろうと思いながらも、一応掃除が始まる前に体育館にやってきました。またしてもいたずら心が働いて、もう一

度隠れてみることにしました。さすがに、跳び箱はもうこりごりなので、今日はステージの後ろにあるカーテンの裏です。掃除を始めるチャイムが鳴って、子どもたちがやってきました。今日はそのままモップを取りに行きます。そして所々を目で探しながら、「今日は先生、隠れていないだろうな」などと言っています。笑いをこらえきれなくなって出ていったら、「先生、今日はそんなところにいたの？」と笑われてしまいました。

(3) 一番遅くやってきた子は、誰？

子どもたちにきちんと掃除をさせる方法を模索して、色々と試している中、ある日、面白い光景を見ました。昼休みに、先輩の教師が職員室前にある子ども用のトイレで立っているのです。そのうち、チャイムが鳴りました。その教師はまだ立っています。しばらくして、子どもが2、3人遅れてやってきました。すると、教師がすごい剣幕で子どもたちを叱りつけました。どうやら、掃除に遅れてきたことを叱っているようです。

後でその教師に聞くと、「あの子たちは、掃除をちょっとでもしなくて済むように、昼休みが終わってもしばらく遊んでいて、いつも遅れてくるのさ。それを知っていたから、今日は待ち伏せして叱ったんだよ」と言っていました。その時に、次の構図に気付きました。

掃除をさぼる子ども、きちんとしない子ども＝掃除に来るのが遅い

そうです。掃除をさぼる子、きちんとしない子は、すぐには掃除場所に来ません。色々と理由を付けて、少しでも掃除の時間を減らそうと、ゆっくりやってきます。

そこで、次の対策を練りました。

まず、掃除場所ごとに点検カード（P139図1）を作ります。カードは今までも使っていましたし、実践している先生は多いと思います。その項目は「ゴミは落ちていないか」「ふき残しはないか」「つくえ・いすはきちんと並んでいるか」などです。

私はこれに、次の項目を付け足しました。「一番遅くやってきた子」。これは「さぼりたがる子＝遅くやってくる子」を知るためです。ただ、このままだとこちらの魂胆が丸見えなので、「一番早くやってきた子」も付け足しました。この項目は、はっきり言ってどう

でもいいのです。それぞれの掃除場所の点検カードを作り、厚紙に貼りました。そして、子どもたちがすぐ書けるように、鉛筆を紐で結び付けて、準備は完了です。

毎日掃除が終わると、班長はその日の様子をカードに記入し、私のところに提出しに来ます。そこで、カードを見てひとこと言うのです。

私の勤めている地域の学校は、昼休みが終わり5時間目が始まるまでの15分程度の間に掃除をします。そこで、例えば水曜日の4時間目の終わり頃に、何気なく「そうだ！　みんなは掃除をきちんとしているかな」と言いながら、そのカードを取り出します。そして、ざっとカードを見て、月曜日、火曜日と2日続けて「一番遅くやってきた子」を探します。そして、「ちょっと今日はきちんと掃除をしているか聞こうか」などと言いながら、グループごとに全員立たせます。

「教室掃除の人、立ちなさい」

「○○さんは、いつも一番早く来るのか。えらいな」

「きちんと掃除をやっているようだけど、何か困っていることはない？」

「次、階段掃除の人、立ちなさい」

「うん？　Aさんはいつも一番遅いけど、なぜかな？」

「階段掃除の人に聞きます。Aさんは月曜日、火曜日と2日続けて来るのが一番遅いけど、どれくらい遅れるの？　例えば、チャイムが鳴ってから、みんなだいたい一緒に来るよね。その中で一番遅いけど、掃除を始める頃にはいるの？　それとも、みんなが掃除を始めてかなりたってから、やっと来るのか、どっち？」と聞きます。すると子どもたちは、「先生、Aさんはいっつも遅いよ！」「なっかなか、来ないよ！」と口々に言います。そこで、怖い顔をしながらAさんの方を向きます。

「Aさん、立ちなさい。なんでいつも掃除に来るのが遅いんだ？」

大体の子どもは、都合が悪いことがあって黙ってしまうか、「僕だけじゃないよ」と道連れを探します。そして、「よし、分かった。今日は、掃除が始まったら、先生は一番に階段の掃除場所に行く。そして、Aさんがちゃんと来るか待っているよ。今日も一番遅かったら、遅れた分は残って掃除をしてもらおう」とみんなの前で宣言します。

4時間目の終わり頃に、よくこの点検をして、クラス全体に「今日、掃除に遅れるとまずいぞ」という無言の圧力を与えるのです。そして、掃除時間中も当然、見回りをします。

教師によっては、掃除は子どもたちに任せっぱなしにして、掃除の時間はプリントを印刷したり、授業の準備をしたりする人がいます。昨今の忙しい教育現場を考えると無理もないのですが、私はできる限り掃除の見回りをしたり、一緒に掃除をしたりしていました。

その日は、忘れずに掃除のチャイムが鳴ると同時に、階段の掃除場所に行きます。すると、「今日遅れると、まずい」と感じたAさんがやってきます。

「おっ！　Aさん、今日は早いね」と褒めましたが、なんともさえない顔をしています。みんながきちんと掃除を始めるのを見てから、次の掃除場所へ移動しました。その日の掃除カードの「一番遅い子」の欄には、もちろんAさんの名前はありませんでした。


私は新しいクラスを受けもった4月は、他のこともそうですが、掃除は特に、かなり細かな指導をします。教室の掃除場所なら、今日のほうきは誰、雑巾がけは誰、黒板掃除は誰と、一つ一つ指定します。確かに大変面倒です。しかし、人間関係ができていない、また人間関係がよく分からない時期に、掃除の役割分担を子どもたちに任せてしまうと、力の強い子が楽な仕事ばかりをやって、嫌なことを他の子に押し付ける構図ができてしまうのです。教師の中には「自主性を重んじる」という大義名分を掲げて、「自分たちで決めなさい」という指導（?）をする方もいます。そういう教師ほど、掃除にトラブルが起こった時に、「あれだけ言ったでしょう?　自分たちでしなさいって！　自分たちで決めたのに、できないわけ？」と子どもたちを叱るのです。しかし、私に言わせると、教師が適切な指導を怠ったからトラブルになったのです。

叱るのは簡単ですが、きちんとした指導には時間がかかります。しかし、叱るだけだと、一年中子どもたちの掃除のトラブルに付き合うことになりますが、初めにきちんと指導しておけば、だんだんと手が離れます。子どもたちに、「きちんと掃除しなければならない」という覚悟をもたせ、さぼることを早く諦めさせることが大切なのです。

そうじ点検カード	**（　　）班**		**場所（**		**）**
	月	**火**	**水**	**木**	**金**
一番早く来た人					
一番遅く来た人					
ほうき （ゴミは落ちていないか）					
ぞうきん （ふき残しはないか）					
つくえ・いすは、 きちんと並んでいるか					
そうじ道具入れは、 整とんされているか					

図１　掃除点検カードの例

(4) 特別教室の効果的な指導法

教室の掃除なら、毎日することはたくさんあります。机を移動する、ごみを掃く、雑巾で拭く、黒板を拭く、などです。しかし、理科室、音楽室などのいわゆる特別教室では、掃除の作業は教室ほど多くありません。一般的に、特別教室はゴミがあまり出ないからです。図工室などは出る時がありますが、その場合は、教室を使ったクラスが掃除していきます。

子どもたちにとって、特別教室の掃除ほどおいしいところはありません。思わず触ってみたくなるような珍しい教材が並び、掃除といっても気分転換になります。また、教室から遠く離れていて、先生もめったに監視に来ないので、きちんと掃除をしなくても分からないからです。

では、そんな特別教室の掃除には、どのような工夫が必要なのでしょうか？　私は、次のように割り当てます。

1つの方法は、「1週間に2つの教室を掃除する」というものです。先に述べたように、特別教室はそれほど汚れません。だから、月・水・金は理科室、火・木は音楽室、というように2か所を割り当てます。毎日同じ手順でも、1日おきだとそこそこ汚れてくるし、掃除のやり甲斐があるというものです。

もう1つの方法は、「作業手順を日替わりにする」というものです。あまりゴミのない特別教室を毎日同じ手順「掃く→拭く→ゴミを片付ける→整頓する」で掃除していると、飽きてきて、ついさぼりたくなるものです。そこで、毎日の作業を日替わりにするという方法を思い付きました。理科室を例に挙げてみます。

月：一般的な掃除　椅子を上げる→ゴミをほうきで掃く→床を拭く→ゴミを片付ける→椅子を下ろす。

火：机と椅子をきれいに拭いて、隅々まで掃除する。机は消しゴムを使って、真っ白にする。

水：一般的な掃除　椅子を上げる→ゴミをほうきで掃く→床を拭く→ゴミを片付ける→椅子を下ろす。

木：全員で黒板、窓をピカピカにきれいにする。

金：流しを、きれいに磨き上げる。

このように掃除メニューを日替わりにすれば、その日その日の目標がはっきりするので、掃除がきちんとできるのです。

また、私は理科が専門なので、理科の備品管理をすることが多かったのですが、4月初めの職員会で掃除の割り当てを決める時に、進んで理科室を自分のクラスの担当にさせてもらいました。そして、理科室掃除の子どもたちに、掃除以外に備品の整理・片付けやビーカーの洗浄などもさせましたが、子どもたちは大変喜んでやっていました。

教師が子どもたちに「○○しなさい」と指示する時には、ただ言うだけでなく、子どもが行動しやすいように工夫しなければなりません。

③ 授業の開始に遅れない子どもを育てる

授業の始めによく見るのが、運動場でいつまでも遊んでいて、なかなか教室に入ってこない子どもの姿です。教室で待つ教師は、まだかまだかとイライラしています。

私が担任するクラスでは、そんなことはほとんどありません。チャイムが鳴ったらきちんと戻ってきて、時間通りに授業を開始します。そう言うと、「先生は、大変怖いのでしょう」「1分でも遅れたら、すごく叱るのでしょう」と言われます。しかし、私は子どもたちに「チャイムが鳴っても、3分以内なら遅れてもいい」と言っているのです。ところが、ほとんどの子どもは3分以内にやってきます。一体なぜでしょうか？

私は新しい年になると、クラスの子どもたちに次のように伝えておきます。

「休み時間の終わりのチャイムが鳴ったら、教室に戻ってこなければならないよね。次の2つからみんなに選んでもらおう。1つは、チャイムが鳴ったらすぐに教室に入ってくる。すぐと言っても、運動場の端っこにいたら下駄箱までやってきて靴を脱いで、教室まで上がってくると3分はかかる。先生は実際にやってみた（嘘です）。だから、チャイムが鳴っても3分は大目に見るよ。その代わり、授業の終わりのチャイムが鳴ったら、先生はすぐに授業をやめる。延長はしない」

この、「延長はしない」のところで、子どもたちはピクッと耳をそばだてます。

「もう1つは、みんなが教室に揃うまで先生はじっと待っています。その代わり、みんなが遅れた分だけ授業は延長します。みんなが揃うのに5分かかったら、授業の終わりも5分延ばします。さて、どちらがいいですか？」

子どもたちは

「先生、本当に延長はしないの？」

「3分までは待ってくれるんだよね？」

と色々質問してきますが、私はこう宣言します。

「これは、約束だからね。チャイムが鳴って、みんながきちんと来るなら、先生も約束として、チャイムが鳴ったら授業を終わりにします。絶対に延長はしません」

すると、子どもたちは口々に言います。

「そんなら、チャイムが鳴ってからすぐ入ってきた方が、得じゃん！」

「本当に守ってくれるんだよね？」

そんなやりとりがあった後、「どっちがいいか」と採決をとると、圧倒的に「チャイムが鳴ったらすぐに入ってくる」になります。

初めは、本当にすぐに戻ってくるか不安ですが、子どもたちはきちんと戻ってくるものです。さあ、ここからは教師の心構えです。子どもたちが約束を守ったなら、今度はこちらが約束を守る番です。授業の終わりのチャイムが鳴ったら、絶対に授業を終わりにします。1秒でも延長しません。「ああ、もう少し〜」と思っても、延長しません。もし1回でも延長したら、「この先生は約束を守らない」というレッテルを貼られ、どんどん信用を失っていくのです。


子どもたちには、この方がずっと得なのです。ほとんどの子どもたちにとって、授業は嫌なものです。だから、授業の終わりのチャイムは救いのチャイムです。そこで、延長されるとがっかりするでしょう。特に元気印の子どもたちにとっては、チャイム後1秒でも早く運動場に出ることが、重要な使命なのです。早く運動場に行って、ドッジボールのコートを取る、キックベースの場所を押さえる、サッカーのゴールにたどり着いて、シュートの権利を得る、という重要な役割があります。ですから、チャイムが鳴ったら延長はしないというだけで、子どもたちの人気を獲得できるのです。

さらに、チャイムが鳴ってからの延長授業は、学習効果が薄いと言えます。子どもたちは授業の終わりが近付くと「早く終われ、早く終われ！」と時計を見るばかりで、授業に身が入っていません。チャイムが鳴ってもだらだらと授業を続ける教師がいますが、これは教師の自己満足なのです。そのような教師ほど、よく子どもたちにこう言います。「先生は、ちゃんと教えた（聞いていない方が悪い）」と。自分はやるべきことはやったから、できない責任はそちらにあると、言い訳をしているだけなのです。

チャイムが鳴ったら授業は終わり、この方法は、実は教師にとっても良い方法と言えます。次のような利点が挙げられます。

1．チャイムが鳴ると、子どもたちがきちんと戻ってきて、スムーズに授業に入れる。

2．教師の方も、授業時間は45分しかない、チャイムが鳴ったら終わりと思うと、授業の組み立てをよく考えて、適当な進め方はしなくなる。

3. 先にも述べたように、子どもたちから人気が出る。

私は、45分という限られた時間内に確実に授業を終わらせるために、15分でここまで、30分でここまでと考えながら授業を進めます。そして、途中の子どもたちの様子を見ていて、今日は無理だなと思ったら、早目早目に軌道修正するのです。

この方法を始めると、子どもたちがきちんと戻ってくるようになりますが、慣れてきた頃に、子どもたちが初めて遅れてくる日が訪れます。その時が、大切なのです。

全員揃うまで待ちます。その日は4、5人が6分くらい遅れてきたとします。

まず、「今日は、なぜ遅れてきたのか？」と聞きます。次のような理由だとします。

1. チャイムが鳴っても、なかなか終わらず、遊んでいた。
2. ボール片付けの係がなかなか決まらず、もめていた。
3. 来る途中で、みんなが喧嘩していた。
4. みんなでトイレに行った。

以上のような理由の場合は、認めません。約束違反です。

「これは認められないな。遅れてきた分は伸ばします。6分遅れてきたから、授業は6

分伸ばします」と言って、必ず6分授業を延長します。ただ、その前に必ず、1から4の場合は、どうすればいいのかを考えさせるようにします。そうしないと、また同じことを繰り返して、進歩しません。では、次のような理由で遅れてきた場合は、どうするでしょうか。

1．チャイムが鳴った後、他のクラスが放っておいたボールを片付けていた。

2．泣いていた1年生（下級生）を助けていた。

3．他のクラスの喧嘩を止めた。

以上のように、良いことをしていて遅れた場合は、叱るどころか逆に、「いいことしたなぁ」と褒めます。そして、「それは遅れても仕方ない」として、授業延長はしません。

私が若い時に、先輩の教師から次のように言われたことがあります。

「授業時間の45分間は、教師が子どもたちを拘束できる時間だ。しかし、休み時間は子どもたちの権利であり、教師が拘束してはいけない非拘束時間だ」

この「休み時間は子どもたちの権利」「非拘束時間」というのが、ずっと頭に残っていました。ですから、どうしても授業時間を延長しなければならない時は、私は子どもたちに、延長するけど休み時間は確保すると宣言したり、延長してもよいかと聞いたりしました。必ず子どもたちの意見を聞き、教師の独断にはしないのです。

正直言って、チャイムが鳴ったら授業をすぐ終わりにするのは、教師にとっては辛いときもあります。もう1問済ませておきたい、もうひとこと伝えたい、と思うこともあります。しかし、子どもたちとの約束の手前、チャイムが鳴ったらすぐに終わりにします。

一度こんなことがありました。算数の授業を始めようとチョークを持ち、黒板に向かった時のことです。

「え～と、この前はどこで終わったっけ？」

「この前、先生が『あ～チャイムが鳴ってしまった』と言って終わったよ」

「そうだ、そうだ」

子どもたちが、一斉に笑いました。

CHAPTER 5

上手な褒め方、叱り方で子どもを伸ばす

これまでにも述べてきたように、良いことをしたら褒め、悪いことをしたら叱るというのは当たり前です。多くの教師が実践していることでしょう。

しかし、**どのタイミングで、どのように褒めるか、または叱るかによって、子どもたちの受けとめ方は全く異なる**のです。自分はきちんと褒めた、叱ったつもりでも、子どもたちの反応がどうも薄いなと感じたことはないでしょうか。

本章では、子どもたちの心に届く褒め方、叱り方のコツを紹介します。

① 上手な褒め方とは

(1) 具体的に褒める

「よくできたね」「がんばったなぁ」「すばらしい」等々、褒め言葉には誰も困らないでしょう。

私が心がけているのは、「どこが良かったか」という具体的なポイントを示して褒める、という方法です。

例えば、「今日の本読みは良かった」というよりも、「今日の本読みは、感情が入っていてとても良かった」というように、より具体的に示すのです。「君の発言はよく考えられていたね。○○さんの後に続く発言だから、話し合いをより一層盛り上げるという意味でも、とても良かったよ」というように。

しかし、どれだけ言葉を尽くしても、感情のこもっていない美辞麗句は見抜かれます。子どもは、想像以上に鋭いものです。褒め言葉の中にどれだけ教師の「うれしい気持ち」が込められているか、それが大事なのです。


有田和正先生の授業を参観した時、授業後の反省会での出来事です。「子どもへの声かけ」という話題になりました。有田先生はその時、こうおっしゃいました。「そういえば、私が子どもに一番多く言っている言葉は『がんばれ』かもしれない」。とても意外なお言葉でした。大先生ですから、きっと素敵な言葉をたくさんかけているのだろうと思っていたら、こんな簡単な言葉だったのです。たとえ短い言葉でも、表情豊かに、時には厳しく、時には優しく、その時々の気持ちを込めて、声かけをされていたのでしょう。

(2) 問題行動の多い子ほど多く褒める

親鸞の書いた歎異抄に次のような一節があります。

「善人なをもて往生をとぐ、いはんや悪人をや」

古典の学習等で大変有名な一文です。この難しい原文の訳はお任せすることにして、私は次のように解釈しています。

「良い子は褒められて当たり前、問題行動の多い子ほど褒めよう」

良い子と言われている子は、日常生活で褒められることも多く、テストで良い点を取ることも多いでしょう。テストで良い点を取ったら、自分もうれしいし、周りからも尊敬されるし、それだけで褒められているのと同じ効果があると言えます。そうなると、たくさんの場面で褒められていることになります。

しかし、問題行動の多い子と言われている子どもは、乱暴であったり、大人や教師の言うことを聞かなかったり、宿題や提出物を出し忘れたり、片付けることができなかったりする子どもです。当然、叱られることが多いはずです。その子の成育を考えると、おそらく小さい時から叱られることが多かったに違いありません。担任からも叱られ、保護者からも叱られ続けてきたことでしょう。褒めてもらうことなど少なかったはずです。

そこで、私はこのような子どもを担任した時には、できるだけ褒めると決めています。もちろん簡単なことではありません。人間というものは悪いところには目が行きやすいものですが、良いところには、なかなか目が届きません。ましてや、このような子どもたちの良いところを見つけるのは、大変難しいものです。

しかし、一つの考え方があります。次の話は、高校の先生から教えてもらったものです。いつも万引きをしては警察のお世話になり、学校で指導を受ける女子生徒がいました。家庭環境に恵まれない生徒なのですが、それだからと言って許されるものではありません。「万引き→警察→学校→謹慎」という構図が何度となく繰り返されてきました。先生方も生徒の家庭環境を分かっているので、退学にはせずに何度も付き合ってきました。ある日、もう万引きをこれ以上はさせないと教師たちは強く決心しました。そして、たくさんの教師で叱り、また、説得しました。

しかし、1か月後、残念ながらまた万引きをして補導されたと警察から連絡がありました。若い教師たちは大変怒り、「今度こそ退学だ！」と言う人もいました。生活指導室の中には、無力感が漂いました。その時、ある年配の教師が言ったのです。

「そう言うなよ。あいつはあいつなりに努力して我慢したんだ。考えてごらん。今まで散々万引きしてきたが、今回1か月もの間、我慢して万引きしなかったじゃないか」

若い教師たちは黙ってしまったそうです。たしかに、今までに比べたら、1か月は長い期間と言えます。教師たちの説得にも、ある程度の効果があったとも言えるでしょう。

ここから2つの物の見方が学べます。

若い教師「あれだけ注意したのに、また万引きした」

年配の教師「絶えず繰り返していたのに、1か月もの間、我慢した」

乱暴な子どもを「元気が良い」と表現するように、子どもの行動からは、見方によっては逆のことが見いだせるのです。

私はこのことを利用して、問題行動の多い子と言われる子どもの良いところを見つけて褒めようと努力しています。第3章でも述べたように、ずっとその子を見続けて、ちょっとのこと（普通の子どもなら褒められることのない、たいしたことでもないようなこと）でも褒めます。

見続けていると、意外にその子の良いところが見えてくるものです。その瞬間を見逃さず、すかさず褒めます。

こう述べると、他の子なら褒められないようなことで褒められるのは得だと思われるでしょう。しかし、その子の今までの育ちを考えると、私が担任した時くらいは、たくさん褒めてもいいじゃないかと思うのです。でも、もちろん叱るべき時には遠慮はしません。思いっきり叱ります。

②「叱る」と「怒る」を使い分ける

(1)「叱る」と「怒る」

悪いことをしたら叱るのは当然ですが、最近は子どもたちを叱りにくい世の中になったと感じるのは、私だけでしょうか。

私が若いとき、先輩の教師から「『叱る』と『怒る』の違いは分かるか？」と聞かれたことがありました。皆さんは当然分かっていることでしょう。広辞苑によると、次のような違いがあります。

叱る：その人の非を、感情を入れずにたんたんと言う。

怒る：その人の非を、感情を入れて思いっきり言う。

だから、「教師は基本的には『叱る』でないといけない」と言います。しかし、その先輩は、次のようにも教えてくれました。

「でも、『この子は本当にいけないことをしたんだ』という時は、『怒る』でないといけないと思う」

たしかにそうです。ただ単に感情を入れずに機械的に叱るだけでは、こちらの思いは届きません。時には「思いっきり怒る」ことも必要になってきます。

私は、新しいクラスを受けもった時に、子どもたちに次のように言ってきました。

「先生は次の3つのことをした時には、思いっきり怒ります。

①　命の危険があるようなことをした時
②　人をバカにするようなことをした時
③　できるのに、怠けた時」

1つ目の、「命の危険があるようなことをした時」については、次のような例を示します。

ある日、学校に行くと、3階の教室のベランダの手すりに誰かが座っているのが、運動場から見えました。しかも、私の教室です。ベランダに腰かけて足は運動場を向けています。うれしそうに「お~い!」と言って、登校してくる子どもたちに手を振っています。

ちょっとバランスを失ったら、落ちてしまうのは目に見えています。

「Aだ！」ちょっと格好を付ける、目立ちたがり屋の子どもです。その場で大声を出して驚かせると、バランスを失って大事故になる危険性があるので、3階の私の教室まで行き、Aさんには気付かれないように、そっとベランダに降りて後ろから羽交い締めにして、手すりから引きずり下ろしました。その時に壁で頭を打ってしまったのですが、命には代えられません。痛くて大声で泣くAさんを、その声に負けないくらいの大声で怒りました。

「落ちたらどうするんだ！　そんなことも考えられないのか！」

Aさんの泣き声と私の怒鳴り声に驚いて、隣のクラスからもたくさんの子どもたちが集まってきました。

その後、Aさんが放課後も怒られたのは、言うまでもないでしょう。

2つ目の「人をバカにするようなことをした時」の例は、どの教師にも覚えがあるでしょう。

例えば、テストを返した時に、チラッと見えた他の子の点数を言いふらすということがあります。このような場合に、子どもたちの力関係が見えてきます。力関係で自分より上の子の点を言いふらすことはありません。自分より下の子の点数を言いふらすのです。子どもは、軽い気持ちで他の子をバカにしたり、からかったりすることがよくあります。「色々な子がいる。勉強や運動で得意なことや苦手なことは誰にでもあるから、それをバカにするようなことは許さない」ときちんと伝えておきます。

3つ目の「できるのに、怠けた時」については、次のような例を話します。

「100m（50mでもいい）を、一生懸命がんばっても20秒かかるA君がいたとします。でも、B君は一生懸命走れば15秒で走れます。二人で走った時に、A君は一生懸命走って20秒、B君は力を抜いて17秒で走ったとします。タイムだけならA君は20秒、B君は17秒ですから、B君の方がずっと速い。でも先生はB君を怒ります。なぜか分かるだろう？」と聞くと、ほとんどの子どもたちは、うんうんとうなずきます。

(2) 叱り方の段階

多くの人がそうだと思いますが、私にも、叱り方に段階があります。

注意 ＜ 叱る ＜ 怒る

これは子どもたちにも言います。例えば、「今回は注意で終わるけど、次は叱るよ」という具合です。

(3) 「三個の怒」

私は、子どもの犯した行為の重大性によって、その時に叱ったり怒ったりする回数を変えています。

例えば、友達をいじめるような重大なことをした場合は、次のように怒ります。

① 1回目：その日の放課後に残して怒る。

② 2回目：次の日にもう一度呼び出す。

2回目は、このように問いかけます。

「昨日、君がやったことを覚えているか？　昨夜、昨日したことについて、どんなことを考えた？　家の人は何と言っていた？」

それに対して、「何それ、もう済んだ話でしょ！」というような顔をしたり、きちんと答えが返ってこなかったりした場合は、もう一度思いっきり怒ります。

「あれほど大変なことをして、その態度は何だ！　全然反省していないな！」

③ 3回目：一週間後にもう一度呼び出す。

3回目は、この1週間の気持ちを聞きます。

「あれから1週間経ったな。どんな気持ちで、この1週間を過ごしていたのか？」

時には次のようにも言います。

「先生はこの1週間、ずっと君を見ていたけれど、とても反省しているようには見えなかった」

あるいは、次のように言うこともあります。

「先生はこの1週間、ずっと君を見ていたけれど、A君にはとても親切にしていたね。本当に悪いことをしたと思っているみたいだな」

もちろん、いつも3回怒るわけではありません。先に述べたように、1回怒って終わりという時もあれば、行為の程度によっては、2回、または3回怒ることもあります。

これは、子どもに教師の怒りの大きさを教えるためです。「先生は本当に怒っている」ということを知らせなければなりません。そうでないと、また同じようなことをするでしょう。その子がまた同じようなことをしそうになった時に、教師に怒られた記憶がブレーキになればいいのです。教師の話を聞いて、本当に心から反省し、二度と繰り返さないというのは理想ですが、現実はそう簡単にはいきません。子どもの心の中にあるのが、「また叱られる」でもいいのです。それがブレーキになって、行為を思いとどまることが大切です。

中国に「三顧の礼」ということわざがあります。非常に能力があり、重要な仕事を任せたいという人を招く時は、その人の家を訪ね、1回断られ、2回断られたとしても、3回目も礼を尽くして訪ねなさいという意味です。

それに比べれば、この方法は全く反対で、いわば「三個の怒」と言えるでしょうか。

私たち教師という人間は、小さい時から比較的勉強ができて、良い子と言われてきた人が多いと思います。悪いことばかりをしてきたような人は少ないはずです。そのためか、心の中に「人間は話せば分かる」という強い思いがあります。確かに間違いではありませんが、人間には色々な人がいて、頭では分かっているはずでも、理性で感情をコントロールできない人もたくさんいます。

ある心理学者の先生の講演で印象に残っていることがあります。その先生は、次のようなことを話しました。

「子どもがまだ、言葉もよく分からない幼児の時、自分のやったことの悪さをどうやって知ると思いますか。それは、相手の怒りの大きさで測るのです。何かをした。相手（親）

が笑っている時は、これはやってていいことと判断する。ところが、何かをした時に、相手が怒った。当然幼児は驚きます。この時に、やってはいけないことと判断するのです。特に、火のついているストーブなどに近付いた時、相手（親）は、ものすごい勢いで叱ります。子どもは驚いて泣きます。この相手の怒りの大きさで、悪いことの程度の大きさを測るのです」

子どもが小さければ小さいほど、悪いことをしたらきちんと叱る、きちんと怒ることを徹底しなければならないのです。

若い先生を見ていると、大変優しい先生が増えているように思います。優しいというか、遠慮しているというか。しかし、心を鬼にして叱らなければならない時もあるのです。

(4) 叱りすぎてしまったら

教師も人間です。時には、叱りすぎてしまうこともあります。そんな時は、どうすればよいでしょうか？

豊臣秀吉に伊達政宗の処遇を相談された徳川家康が、次のように答えています。*

「親には時々子どもの叱りすぎはあるもので…そのおり一々詫びていたのでは形が付き

ませぬ」

私も同じです。悪いことをしたのは事実ですから、一々謝っていたら格好が付きません。ちょっと叱りすぎたかなと思ったら、心に留めておいて、次に生かすようにしています。

・良いことをしたら、みんなの前で大きく褒める。

・その子の周りの子、仲良しの子に、「その子がいいことをしたら、すぐに褒めて」「いいことをしたら先生に教えて」と頼んでおきます。

叱りすぎた子に、次には大いに褒めてあげられるよう、積極的に良い行為を探すのです。

(5) 間違えて叱ってしまったら

では、叱ったけれど、それが間違いであった場合は、どうするのでしょう。子どもにしてみれば、悪いことをしていないのに叱られるなんて、たまったものではありません。

私は、素直に謝ることにしています。その場で取り繕っても、子どもは敏感です。

「あっ！　おかしい。先生、ごまかしている」と感じるものです。

このようなことがありました。5年生を担任していた時のことです。いつも、悪いことや乱暴を働くA君とB君の2人がいました。喧嘩、もめごと、宿題忘れ、何か悪いことが起きると、必ずこの2人が関わっていました。しかし、根が悪いわけではなく、元気があふれているという子どもたちです。

ある日、1人の女の子が訴えてきました。誰にされたかは分からないけれど、持ち物を壊されたという話です。すぐに、この2人の名前が私の頭に浮かびました。他の子どもから、例の2人が近くにいたのを見たという証言もあり、2人を呼んで聞きました。もちろん、いきなり犯人扱いをしたわけではありません。少しずつ聞いていったのですが、2人は黙ったままでした。世間一般では、黙っているというのは、自分に都合の悪いことがあるということです。話をしている私もヒートアップしていきました。

そして、結局最後は叱って終わりました。2人は黙ったまま帰っていきました。

しばらくしてから、実は壊したのは別の子で、言い出せなかったということが判明したのです。これは、大変なことです。全然関係のない無実の2人を叱りつけたのです。当然、私は2人に謝りました。2人は、ここぞとばかりに反撃してきます。

「なんか、変だと思っていた」

「やってないのに、30分も叱られた」

「無実の罪を着せられた」

と言いたい放題でした。それなら、と私も聞きました。

「あの時、何で僕たちじゃない、と言わなかったの?」

2人は黙ってしまいました。どうやら、いつも色々なことをしでかして叱られるので、今回はどのことで叱られているのか、本人たちも分からなかったというのが、本音のようでした。

しかし、そのままで済ますのも気が引けたので、その夜「先生レッドカード」というのを作って、次の日に2人に渡しました。当時Jリーグが発足して、サッカーが注目されていた頃だったので、そこからヒントをもらったのです。このカードには、次のように書いてあります。

「先生レッドカード:何か先生に叱られそうになった時、このカードを出すとゆるされます」

つまり1回の免罪符です。2人はこう言いました。

「先生、これ出したら叱られないの?」

「そう、1回だけだけどね」

「何でも使えるの？」

「叱られそうな時なら、いつでも使える」

「もし、最後まで使わなかったら、どうするの？」

「う〜ん、そうだなぁ……、じゃあ、代わりに何かあげよう」

「えっ！　本当!?　じゃあ使わない」

周りで聞いていた子どもたちは、「いいなぁ〜」と羨ましがっていました。

それからです。私とこの2人との間で、次のようなやりとりが始まりました。

「先生、宿題忘れました」

「あのカード使うのか？」

「使わない」

「じゃあ、叱るぞ。こらー!!」

こんなやりとりが、3月まで続きました。

そして、ついに3月の修了式を迎えました。通信票を渡す時に、2人のうちの1人がこう言いました。

「先生、レッドカード使わなかったから、何かくれるんでしょ？」

「そうだな、約束だからな」

　こうなることは分かっていたので、前の日に文房具を2人分買っておいたのです。1人はうれしそうにカードを持ってきたので、交換しました。もう1人は必死で机の中を捜しています。「ないない！」と、今にも泣き出しそうな声です。それもそのはず、机の中がぐちゃぐちゃで、どこかに入り込んでしまったのか、なくしてしまったのか、もはや分からないような状態です。

「なかったら渡せないな〜」と意地悪を言ってみましたが、かわいそうなので最後にはあげました。

　この2人、子どもの頃は力があり余っていたのでしょう。大人になったら、1人は警察官、もう1人は海上保安官になって活躍していると聞いています。

＊山岡荘八原作『伊達政宗』講談社ＫＣ　歴史コミック44　5巻

おわりに

色々と書いてみましたが、思えば、書いた内容のほとんどは先輩教師に教えていただいたことばかりです。それを使ってみて、そのままでうまくいったこと、うまくいかなかったこと、自分なりに色々と工夫してきました。また、それだけでは物足りなく、教育サークルに所属したり、研究会に参加したりしてきました。

私が若い頃は放課後も会議等が少なく、時代のせいかもしれませんが、もっとのんびりしていた気がします。授業でうまくいかない時は、先輩教師に放課後教えてもらったり、代わりに私のクラスで授業をしてもらったり、夜遅くまで悩みを聞いてもらったりと、ずいぶん助けてもらいました。

その中で覚えている言葉の一つに「君たち若い人は、怖いけど甘いんだよ。私たち年配の者は、優しいけど厳しいんだよ」というものがあります。その時は、その言葉の意味が分かりませんでしたが、だんだんと経験を経ていくうちに分かってきました。若い時は、子どもたちに乗せられて、宿題の量を減らしてしまうことがあったかと思うと、その一方で、子どもたちが自分の思い通りにならないと、すごい勢いで怒りました。しかし、子どもたちは育ちませんでした。ところが、年配の先生方の指導は違いました。いつもにこやかに接していて、声を荒げることもありません。しかし、子どもたちはきちんと先生の言うことを聞き、育っていくのです。若い頃は、その秘訣が分かりませんでした。今回は若い先生向けの入門編として本書を書きましたが、機会があれば、その優しくても厳しい、子どもを逃がさない方法をお伝えしたいと思います。

先輩教師に言われた言葉の中でもう一つ覚えているのが「今の子どもたちは、学校が楽しくないと言っている」というものです。しかし、その時、私は「そんなの当たり前ですよ」と即座に言ってしまいました。私は学校が大嫌いでしたから。

幼い時のエピソードを、母が笑いながら話します。

朝起きると布団の上で（その当時はベッドなんて洒落たものはお金持ちだけです）、「はぁ〜」とため息をつくのです。母が「どうしたの？」と聞くと「学校みたいなあほなもん、誰が発明したのだろう」と言ったそうです。また、学校から帰って来た私に母が「今日は何を勉強したの？」と聞くと、「つまらんことさ」と答えるような冷めた1年生だったようです。給食だって今と違って、おいしくありません。とにかく私は学校が大嫌いでした。

「学校や勉強はつまらなくて当然」と思っていた私にとっては、先輩教師の学校が面白かったという話を聞いてもにわかに信じられないのです。しかし、どうせするなら、つまらない授業より楽しい授業が良いのではないかと思い始めました。それが授業改善のきっかけになった気がします。

今は本当に忙しく、若い人が先輩に教えてもらう機会もなければ、先輩が教える余裕もほとんどありません。本当に大変だと思います。私の経験が少しでも若い人たちの役に立てばと願います。

最後に、私にたくさんのことを教えていただいた諸先輩の先生方、特に橋本輝久先生、本にする機会をくださった出版社、編集者の方々に感謝いたします。

楠木　宏

【著者紹介】

楠木　宏　くすき・ひろし
三重県伊勢市立小俣小学校教頭。

1956年6月23日生まれ。三重大学教育学部卒業、三重大学大学院教育学専攻科修了。

三重県公立小学校7校を経て、現職。

三重大学教育学部非常勤講師。

教育研究三重県集会　理科部会助言者。

内田洋行　教職員発明考案品　平成25年度、平成26年度　奨励賞受賞。

指示は1回 ―聞く力を育てるシンプルな方法―

2016(平成28)年3月7日　初版第1刷発行
2023(令和5)年6月15日　初版第14刷発行

著　　者：楠木　宏
発 行 者：錦織圭之介
発 行 所：株式会社　東洋館出版社
〒101-0054　東京都千代田区神田錦町2丁目9番1号
コンフォール安田ビル2階
代　表　電話 03-6778-4343　FAX 03-5281-8091
営業部　電話 03-6778-7278　FAX 03-5281-8092
振替　00180-7-96823
URL　https://www.toyokan.co.jp
装　　丁：水戸部　功
本文デザイン：吉野　綾（藤原印刷株式会社）
イラスト：オセロ
印刷・製本：藤原印刷株式会社

ISBN978-4-491-03200-9　Printed in Japan